V

MÉMOIRE

A L'APPUI DE L'ÉTABLISSEMENT

DES

VOIES FERRÉES ÉCONOMIQUES

de Lille aux houillères de Fresnes et de Condé, de Douai aux fours à chaux et carrières de Tournai,

SUIVI D'UN APPENDICE

SUR

LE PROJET D'AGRANDISSEMENT DE LILLE

ET UN NOUVEAU PLAN PROPOSÉ,

Par G.-H. LOVE, ingénieur civil,

Ancien élève de l'Ecole centrale des Arts et Manufactures,
ancien ingénieur aux chemins de fer de Paris à Rouen et d'Amiens à Boulogne,
ancien membre du jury de l'Exposition universelle de 1855 (14e classe), etc.

LILLE
IMPRIMERIE DE E. REBOUX,
VIEUX-MARCHÉ-AUX-POULETS, 17.

1858

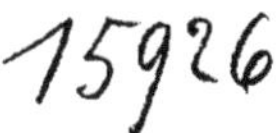

TABLE DES MATIÈRES.

Appendice sur le projet d'agrandissement de Lille.

FRAIS DE TRACTION.

Note A.

Note B.

Note C.

Note D.

MÉMOIRE

A L'APPUI DES VOIES FERRÉES ÉCONOMIQUES

De Lille aux houillères de Fresnes, de Condé, etc.,

ET DE DOUAI AUX CARRIÈRES ET FOURS A CHAUX DE TOURNAI.

Intérêts que les voies ferrées économiques sont appelées à satisfaire. — Population et industries locales. — Transport de chaux hydraulique, de pierre à bâtir, de charbons, etc.

Entre Lille et Condé, il existe une contrée peuplée et industrieuse, au milieu de laquelle se faisait autrefois le mouvement des voyageurs et des marchandises du Nord sur Paris, et que l'établissement du chemin de fer a déshéritée. Il en a, de plus, arrêté le mouvement industriel au profit des localités traversées, et en portant sur des points relativement éloignés et à des prix plus bas le combustible des environs de Valenciennes. D'un autre côté, le chemin de fer du Nord, en se reliant à Mouscron au chemin de l'État belge, n'a pas amélioré les moyens d'écoulement en France de la chaux hydraulique et la pierre à bâtir dont le bassin de Tournai est si abondamment pourvu. C'est à peine s'il fait quelques transports de ces matériaux vers le Nord de la Flandre française. Tout ce qui se consomme dans les centres importants, comme Valenciennes, Douai et Lille, et s'exporte au loin, continue à prendre les routes ordinaires et les canaux (1). Le chemin de fer du Nord ne vient pas non plus en aide au développement des houillères à charbon maigre et qui se trouvent sur la limite du bassin de Valenciennes, c'est-à-dire les exploitations d'*Hasnon*, de *Château-l'Abbaye*, d'*Odomez*, de *Fresnes*, d'*Escaupont*, de *Condé*, etc. Ce charbon, très propre aux

(1) On lit, en effet, dans le rapport de 1858 de la Chambre de commerce de Tournai sur la situation du commerce et de l'industrie de cette localité :
« L'industrie chaufournière, dans les environs de Tournai, est restée stationnaire dans sa pro-
» duction, et cet état de choses semble devoir se prolonger tant que de nouvelles voies de commu-
» nication ne viendront pas créer pour cette industrie des débouchés plus considérables.
» Nous ferons la même observation pour les transports par chemin de fer. Quoique reliée à
» Valenciennes, Douai, Lille, cette voie de communication *n'offre aucune utilité* à la chaufournerie à
» cause du détour que l'on doit faire par Jurbise ou Mouscron, et toutes les *expéditions de chaux* se font
» encore vers ces grands centres de consommation *par les routes ordinaires*. »

usages domestiques, à cause de son bon marché et du peu de fumée qu'il développe, et dont on commence à faire usage dans les usines en le mélangeant au charbon gras, trouverait un immense débouché vers les grandes villes frontières du Nord, si elles y étaient reliées par une voie de communication régulière, facile et économique. Enfin, au point de vue de la circulation des voyageurs, le pays en question n'étant desservi que par des routes ordinaires se trouve, sous le rapport de la facilité des communications, dans une position inférieure à d'autres pays du Nord moins intéressants et moins peuplés (1).

Les routes existantes se prêtent très bien à l'établissement des voies ferrées économiques. — Mode de construction qu'il convient d'adopter.

Ces diverses raisons, jointes à cette circonstance que les routes qui unissent les diverses localités entre lesquelles il serait désirable de voir se développer une circulation plus active, offrent en même temps qu'une grande largeur des pentes insensibles, ont fait naître l'idée d'y établir des chemins de fer *à ornières,* dits américains, à traction de chevaux. Mais après un premier examen de la question, nous avons reconnu que l'on pouvait faire mieux encore. En effet, l'inconvénient des chemins de fer américains, c'est d'être établis avec des rails creux au milieu des routes, et de se voir à chaque instant traversés ou longés par des véhicules qui y entraînent de la boue, salissent les rails, comblent les ornières, et finissent par ôter à ce système une grande partie de ses avantages en augmentant le tirage dans une forte proportion. Des expériences faites récemment par les soins du Conservatoire des Arts et Métiers ont montré, en effet, que dans ces circonstances désavantageuses, qui ne se rencontrent que trop fréquemment, le tirage devient presque aussi considérable sur le chemin de fer à ornières que sur une chaussée macadamisée très sèche et bien entretenue. Il y a donc intérêt, pour tirer tout le parti possible de ces voies secondaires, qui peuvent servir à dégrever les grands réseaux d'embranchements ruineux, de les mettre dans les conditions les plus avantageuses qu'il soit possible d'obtenir, sans toutefois nuire plus que ne le fait le système actuel au mouvement des autres véhicules. Or, les routes du Nord ont une telle largeur que, si on les privait d'un accotement pour un usage quelconque, pour le rendre à l'agriculture par exemple, la circulation actuelle n'en éprouverait ni gêne, ni privation; et, s'il en est ainsi en thèse générale, c'est encore plus vrai dans le cas particulier où cet accotement serait consacré à l'établissement, en trottoir, d'une voie à rails saillants substitués aux rails à ornières; puisqu'une fois la nouvelle voie établie, la circulation sur l'ancienne chaussée serait réduite presque à rien ; il n'y passerait plus, en effet, que quelques voitures particulières, les chariots et instruments de labour allant aux champs qui bordent la route. Ainsi donc, s'il est démontré qu'il y a intérêt à établir dans quelques parties

(1) Voir à la fin du Mémoire *(note D)* le Tableau des localités à desservir, leur population et leur industrie.

du département du Nord des voies ferrées, il est incontestable qu'il convient de les construire, non pas dans le système de celles existantes en Amérique et aux environs de Paris, mais en rails saillants protégés par un trottoir et qui ne seraient traversés par les voitures qu'à la rencontre des routes transversales et des passages dans les champs. Ce ne serait évidemment qu'à la rencontre des bourgs et villages qu'il serait utile d'avoir recours à la forme de rails à ornières, sauf les cas où l'on trouverait plus facile et plus avantageux, à cause des rétrécissements et des sinuosités que les routes présentent quelquefois dans ces traversées, de contourner le village d'une extrémité à l'autre en s'établissant sur une bande de terrain dont il deviendrait nécessaire de faire l'acquisition.

Solution à laquelle on est amené forcément lorsque les nouvelles voies doivent transporter une quantité assez considérable de marchandises. — Emploi de petites machines locomotives.

Telles seraient les conditions nouvelles dans lesquelles il conviendrait d'établir les voies ferrées, à traction de chevaux, destinées à réunir les localités en question. Mais le mode d'établissement de la voie n'est pas le seul changement qu'il soit opportun de prévoir dans le système des voies ferrées économiques. En effet, tant qu'il ne s'agit que de les faire parcourir par des voitures isolées, transportant des voyageurs à de petites distances, on peut, au moyen de la traction par chevaux, faire face à une circulation encore assez importante. Mais si l'on y ajoute un certain mouvement de marchandises, on pressent qu'il doit y avoir une limite où les chemins de fer ordinaires ne pourraient encore s'établir avec profit, et où, cependant, la multiplicité des départs, occasionnée par le tonnage nécessairement limité des trains remorqués par des chevaux (1), leur croisement fréquent, les arrêts, l'irrégularité inévitable d'un service qui n'est pas entièrement mécanique; ou bref, toutes ces circonstances seraient telles que la circulation deviendrait difficile, dangereuse quelquefois, et l'exploitation coûteuse.

Dès lors, la première solution indiquée, c'est le partage de l'exploitation en deux parties distinctes : 1° le transport des voyageurs pendant le jour à la manière ordinaire par traction de chevaux; 2° le transport pendant la nuit des marchandises par trains de 50 à 100 tonnes remorquées à très petite vitesse par de petites machines locomotives de 8 à 10 tonnes, comme celles qui fonctionnent régulièrement dans les charbonnages de Mons. L'avantage de cette disposition, c'est, en premier lieu, de dégager le mouvement des voyageurs des entraves créées par un grand nombre de petits trains de marchandises marchant à petite vitesse; et, en second lieu, c'est de faire circuler les machines sur les routes ordinaires aux heures où la circulation habituelle, en dehors de la voie, est réduite presque à rien, et où, par conséquent, le danger que l'on pourrait redouter de voir des chevaux prendre peur et s'emporter serait nul. Cette introduction de la machine pendant la nuit et aux premières heures

(1) Avec 5 chevaux attelés en flèche, les trains de marchandises ne peuvent excéder 5 wagons.

et dernières heures de la journée préparerait tout doucement la population et les animaux domestiques à une deuxième transformation que l'on peut encore prévoir comme devant avoir lieu tôt ou tard, à cause du développement probable du mouvement des voyageurs. C'est la substitution, pour les trains de jour, de machines légères aux chevaux.

Les locomotives marchant à petite vitesse n'offrent aucun inconvénient sérieux.

Il importe de répondre d'avance aux objections que l'on pourrait élever contre l'introduction de ce système. A une époque déjà reculée, l'administration a permis l'essai, sur la route de Paris à Versailles et dans les Champs-Élysées, de la machine à vapeur de Dietz roulant sur le pavé; on n'a jamais entendu dire qu'il en soit résulté d'autre accident que la cessation du service de cette machine pour cause d'imperfection du système; on n'entend pas dire davantage que les locomotives, qui circulent journellement sur les quais de Nantes, de Dunkerque, de Bruxelles, etc., aient présenté le moindre inconvénient. Nous pourrions multiplier les exemples; c'est que pour les personnes qui ont eu l'occasion d'observer le fait, ce qui effraie quelquefois les chevaux dans la machine locomotive, c'est beaucoup moins l'appareil ou le bruit causé par l'échappement de la vapeur que la soudaineté de l'apparition du moteur. Or, il est bien entendu que si l'on autorise un jour sur les routes ordinaires la circulation des machines locomotives, ce ne peut être à une vitesse excédant celle de la malle-poste pour les voyageurs, c'est-à-dire à 15 ou 16 kilomètres à l'heure et tout au plus à une vitesse de 8 à 10 kilomètres pour les trains de marchandises, et dans ce cas il n'y aura d'effrayés parmi les chevaux que le très petit nombre de ceux qui ont peur de la malle ou d'un omnibus, et l'on ne saurait évidemment subordonner l'extension d'un système destiné à rendre de grands services à un aussi futile incident. N'oublions pas d'ailleurs que le cheval s'accoutume à tout, *même au canon*, et ne perdons pas de vue non plus que ceux qui dans les premiers jours qui suivent l'ouverture d'un chemin de fer, à l'apparition d'un train, galoppent effrayés au fond de la prairie où ils paissent, le regardent passer paisiblement au bout de très peu de temps, à moins qu'ils ne continuent à brouter l'herbe sans se déranger (1). Du reste, s'il arrivait quelquefois, par hasard, qu'un cheval prît peur au bruit de l'échappement de vapeur, en un tour de main le mécanicien averti peut arrêter subitement l'alimentation des cylindres pour ne la reprendre que lorsque la bête effrayée aurait été dépassée par la vitesse acquise.

Reste maintenant à répondre à l'objection relative au danger que le piéton aurait

(1) Combien remarque-t-on de chevaux effrayés dans les nombreux attelages qui attendent le passage d'un train aux barrières des passages à niveau voisins des grandes villes? Du reste, il paraît que les Américains ont l'esprit en repos sur ce point, car ils essaient en ce moment de substituer la traction par machines à la traction par chevaux sur les nombreuses voies ferrées dont toutes les rues de New-York sont sillonnées.

à courir par le passage des trains remorqués par des machines locomotives. On admettra aisément d'abord, que des trains de marchandises marchant à une vitesse de 6 à 8 kilomètres à l'heure sont absolument hors de question, cette vitesse est de 1,60 à 2 mètres par seconde; c'est celle du pas gymnastique, et il n'y a pas de piéton si peu ingambe qu'il soit qui ne puisse éviter, d'un saut de côté, un train marchant à cette vitesse n'en fut-il éloigné que de quelques mètres. Pour ce qui est de la vitesse proposée pour les trains de voyageurs, c'est celle de la malle, et l'on peut, au moyen d'un régulateur indépendant du mécanicien, régler l'admission de vapeur, de telle sorte que cette vitesse ne puisse être dépassée. Dès lors, la machine ne présente pas plus d'inconvénients que la malle; il y a plus, elle offre infiniment plus de sécurité, car si bien dressés et si bien choisis qu'ils soient, les chevaux s'emportent quelquefois; le tonnerre, les éclairs, la piqûre des insectes, le mauvais traitement d'un postillon en sont les causes déterminantes que l'on ne peut ni prévoir ni supprimer, et lorsque l'accident arrive, il en résulte un double danger, car il peut atteindre ceux qui se trouvent dans le véhicule emporté comme ceux qui cheminent sur la route ou circulent dans des voitures légères, qu'une malle-poste ou une messagerie peut renverser et briser. *La locomotive, au contraire, a son chemin tout tracé où l'on ne peut la rencontrer qu'à la condition d'y stationner volontairement;* elle est à l'abri de tout emportement, et si un obstacle quelconque plus ou moins long à déplacer venait à se rencontrer sur son passage, son arrêt peut s'effectuer sur un très faible parcours, en une cinquantaine de mètres, par exemple, et très loin du point où l'obstacle a pu être aperçu.

Extension que prendront les voies ferrées économiques par l'application de la vapeur.

Il est donc démontré qu'en se renfermant dans les limites de vitesse qui viennent d'être indiquées, la circulation sur les routes ordinaires de moteurs à vapeur n'offre pas d'inconvénients sérieux; et c'est une très heureuse circonstance puisqu'elle permettra de donner au nouveau système de voies une extension beaucoup plus grande que celle qui a été prévue, en les rendant infiniment plus propres à remplacer un grand nombre d'embranchements à grande vitesse qui eussent été un lourd fardeau pour les Compagnies ou pour l'État (1).

L'État et les Compagnies doivent leurs encouragements aux nouvelles voies.

L'État et les Compagnies doivent donc leurs encouragements à l'établissement de lignes secondaires dans ce système. La part de l'État est toute simple et toute tracée.

(1) Nous avons été heureux de constater que plusieurs ingénieurs en chef des plus distingués du Corps des ponts-et-chaussées partagent cette manière de voir. On nous assure aussi que plusienrs inspecteurs-généraux du même corps paraissent très disposés à la partager. M Salles, ancien ingénieur au chemin de fer du Midi, à qui nous avons fait part de nos idées sur les voies ferrées économiques, et qui penchait d'abord pour la traction par chevaux, a fini par se ranger à notre opinion, ainsi qu'il résulte du Mémoire qu'il vient de publier sur la substitution, avec le réseau pyrénéen, des voies ferrées économiques dans le système que nous proposons aux chemins à grande vitesse.

Comment les encouragements de l'État peuvent et doivent se manifester.

Elle peut se borner à l'abandon gratuit de l'un des accotements de ses routes, et dans certains cas, dans le paiement d'une subvention en argent pour l'exécution, et de l'allocation faite aux Compagnies concessionnaires de l'économie annuelle réalisée par lui dans l'entretien des routes le long desquelles la voie de fer serait établie. Il y a loin de là, comme on voit, aux intentions prêtées à l'administration de faire payer l'accotement et de mettre à la charge des Compagnies nouvelles l'entretien intégral des routes dont elles prendaient une partie. Entre les deux systèmes, il y a toute la distance qui sépare la bienveillance de l'indifférence, l'appui, la protection de la neutralité. Or, s'il est reconnu utile, nécessaire même, au point de vue de l'intérêt général et pour compléter rationnellement l'ensemble des chemins de fer à grande vitesse de leur adjoindre un réseau de lignes secondaires économiques, dans le genre de celles qui ont été précédemment indiquées, les nouvelles voies ont les mêmes titres au bon accueil de l'État, et l'on ne peut sans injustice leur refuser tous les genres d'encouragement et d'assistance qui ont été prodigués à leurs aînées qui avaient en perspective un plus bel avenir. En admettant que l'État ne fasse que concéder gratuitement l'accotement de ses routes, il ne fait pas le moindre sacrifice; au contraire, il réalise à coup sûr une économie d'entretien : c'est comme s'il augmentait son revenu d'autant; de telle sorte que dans ces conditions, les nouvelles voies donnent d'emblée, à l'État, un bénéfice certain. En a-t-il été ainsi de toutes les grandes lignes garanties et subventionnées?

Il suffit de ce rapprochement pour ôter toute base au système tendant à exiger des compagnies formées ou qui se formeraient pour la construction des voies ferrées économiques le paiement du terrain qui leur serait concédé ou une part quelconque des frais d'entretien de la chaussée, et pour montrer jusqu'à l'évidence que pour tenir une balance équitable entre les diverses entreprises d'intérêt public, c'est exactement l'inverse qui devrait avoir lieu. Cela est d'autant plus utile que les nouvelles voies ont besoin, pour prendre toute l'extension désirable, d'être construites et exploitées avec économie; elles ont besoin pour être bien accueillies du public d'une protection signalée de l'État. Et toute idée d'exiger d'elles au début une redevance quelconque en principal ou intérêts serait l'indice de mauvaises dispositions du Gouvernement, et constituerait un obstacle sérieux à leur établissement et à leur développement.

Avantages que les voies ferrées économiques procurent aux grandes Compagnies. — Comment elles doivent les reconnaître.

En ce qui concerne les grandes Compagnies, leur intérêt de voir s'établir ces lignes auxiliaires est manifeste. Envisagées d'abord comme devant prendre l'extension que nous avons fait entrevoir, elles sont destinées à les dégrever d'embranchements coûteux que l'État aurait été forcé tôt ou tard d'accorder aux sollicitations pressantes et légitimes des populations aujourd'hui déshéritées. En second lieu, les grandes lignes ne pouvant passer partout, et en dehors des localités traversées, qui souvent l'ont été par des raisons d'économie ou de possibilité de tracé, il se trouve un grand nombre de centres industriels plus ou moins éloignés des voies de fer, qu'il y a intérêt à rattacher aux voies existantes, sous peine de les voir rester stationnaires, s'amoindrir quelquefois faute de voies de communication perfectionnées, et cela au détriment de ces localités et des chemins de fer eux-mêmes, qui ne peuvent prospérer qu'à la condition que tout prospère autour d'eux. Or, les voies ferrées économiques sont les traits-d'union nécessaires, inévitables entre les centres aujourd'hui délaissés et les grandes lignes de chemins de fer. Dans certains cas, elles font plus encore : elles aident les grandes artères à conquérir des marchandises qui, trouvant un canal ou une voie navigable à leur point de départ, les conservent jusqu'au bout. C'est ainsi que la houille de l'arrondissement de Condé, dont les puits d'extraction sont sur les bords de l'Escaut, les matériaux de construction provenant des carrières et des fours à chaux de Tournai, qui se trouvent aussi dans le voisinage immédiat du fleuve, prennent cette voie au départ et y restent jusqu'à destination. Les voies projetées auraient pour principal but de disputer aux canaux les matériaux et le combustible en question pour les apporter à la Compagnie du Nord. Or, il est raisonnable de penser qu'à des voies ferrées économiques qui procurent aux grandes lignes de tels avantages, ces lignes doivent aide et protection et des subventions au besoin (1). C'est ainsi que paraît l'avoir compris une grande Compagnie dans le Midi de la France. On nous assure, en effet, que, désireuse de voir s'établir comme tributaires de la grande ligne un certain nombre de nouvelles voies, elle paraît disposée à coopérer à leur exécution, et, dans tous les cas, à leur accorder une subvention par tonne de marchandise distraite de la navigation à son profit. Il faut espérer que cet exemple ne sera pas perdu pour les autres Compagnies.

Description des premières voies ferrées à établir dans le département du Nord.

Les premières lignes que l'on propose d'établir comme auxiliaires de la Compagnie du Nord, et d'où dépendra, sans doute, le plus ou moins de faveur avec laquelle le nouveau système de voies sera accueilli, présentent le double avantage d'un trafic assuré assez important et de belles routes offrant généralement des pentes très faibles. Elles sont au nombre de deux : 1° *la ligne de Lille aux houillères du canton de Condé;* 2° *la ligne de Douai aux carrières et fours à chaux de Tournai.* Ces deux routes se croisent à Orchies, de telle sorte que les produits particuliers à chacune d'elles fourniront une certaine alimentation à l'autre. C'est ainsi que la chaux de Tournai pourra, à partir d'Orchies, se répartir dans trois directions, tandis que les houilles maigres d'Odomez, de Fresnes et de Condé pourront, outre leur courant

(1) Ce système a de nombreux précédents. Ne voit-on pas dans toutes les directions des services de correspondances aidés et subventionnés par les grandes Compagnies ? Il n'y a pas de raison pour qu'elles n'agissent pas de même à l'égard des nouvelles voies qui leur apporteront non-seulement des voyageurs, mais des marchandises ?

naturel et principal vers Lille, s'écouler en partie vers Douai et Tournai, où elles s'emploient à la cuisson de la chaux préférablement à la houille grasse du bassin de Mons; sans compter, sur les deux lignes, les localités intermédiaires dans lesquelles les établissements industriels trouveront une économie notable dans l'emploi du charbon maigre seul ou mélangé.

Ligne de Lille à Condé.

La première de ces deux lignes est projetée comme devant partir de la porte de la Barre, à Lille; puis, longer le bas des glacis des fortifications qui sera, dans un avenir peu éloigné, transformé en boulevard; toucher Wazemmes à son extrémité du côté de Lille; puis, s'engager dans le faubourg de Paris et suivre, à partir de là, la route impériale N° 17 jusqu'à Pont-à-Marcq. Il y aurait naturellement des stations à chacun des faubourgs ci-dessus. *La troisième station* serait établie à 6 kilomètres de Lille, vis-à-vis de *Lesquin*, d'où pourrait se détacher plus tard un embranchement de 5 kilomètres sur *Sainghin*, que l'on trouvera sans doute avantage à continuer jusqu'à *Cysoing* et *Bourghelles* dès que l'on aura procédé à une rectification intelligente et une amélioration des routes existant dans cette direction.

Une quatrième station serait établie entre *Avelin* et *Ennevelin*, et *une cinquième* à *Pont-à-Marcq*, où la nouvelle voie quitterait la route impériale pour prendre la route départementale N° 1 de Pont-à-Marcq à Saint-Amand. Une *sixième station* serait établie à Capelle, où elle servirait en même temps à *Templeuve-en-Pévèle*, bourg industriel et très peuplé, situé à 1 kilomètre et demi de la route.

La septième station serait à *Auchy*, et la *huitième* à *Orchies*, qui, dans le système projeté, est destiné à prendre une grande importance à cause de la rencontre des deux lignes et de l'arrêt forcé qui s'y effectuerait pour la décomposition et la recomposition des trains et de l'établissement des ateliers de réparation du matériel. Au-delà d'Orchies et jusqu'à Condé, les stations seraient les suivantes :

9e station :		Beuvry lès Orchies.
10e	—	Sars-et-Rosières.
11e	—	Millonfosse, Hasnon.
12e	—	Saint-Amand.
13e	—	Château-l'Abbaye, Bruille.
14e	—	Odomez, Hergnies.
15e	—	Fresnes.
16e	—	Condé.

Afin de montrer l'importance qu'il y a à desservir ces diverses localités, nous donnons à la fin de ce travail (*note D*) un relevé de leur population et des industries qui s'y trouvent.

Le développement total de cette première ligne est de 54 kilomètres. Orchies partage cette distance en deux parties presque égales. Elle comprend 16 stations.

Entre Orchies et Condé, la route présente des courbes et des alignements, des pentes et des rampes qui conviendraient parfaitement à un chemin de fer à grande vitesse. A la traversée d'Odomez, on trouve cependant deux coudes qu'il faudra éviter par une déviation. Il sera aussi indispensable de contourner la ville de Saint-Amand. En revanche, la distance de Saint-Amand à Orchies ne se compose guère que de trois alignements droits, dont l'un a près de 7 kilomètres de longueur et les deux autres 3 chacun.

Entre Orchies et Lille, deux communes, Auchy et Capelle demanderont aussi à être contournées. En outre, le terrain y est plus accidenté que dans la première partie. Cependant, les pentes et rampes y atteignent rarement 10 millimètres. Il n'en existe que deux d'environ 20 millimètres, l'une ayant 200 mètres de longueur et l'autre 400, encore sont-elles dans le sens favorable au trafic. Il est bon de faire remarquer, du reste, que ces renseignements sur les déclivités de la route impériale sont extraits de nivellements publiés en 1845 par M. l'Ingénieur des ponts-et-chaussées Davaine, et que depuis lors cette partie de la route a été remaniée et améliorée. Si l'on remarque, en outre, que les routes dont il vient d'être question présentent même à la traversée des bourgs et villages une largeur peu ordinaire, et que l'on peut, par conséquent, leur emprunter un accotement d'environ 3m 50, on reconnaîtra qu'il est difficile d'en rencontrer qui soient plus favorablement disposées pour faire avec succès une application en grand du nouveau système de voies ferrées économiques.

Ligne de Douai à Tournai.

La ligne de Douai à Tournai présente sur tout son parcours un profil analogue à celui du tronçon de Lille à Orchies. La route y est aussi très belle, et tous les bourgs ou villages paraissent pouvoir être traversés sans déviation. Les stations devraient être établies aux localités suivantes : ***Raches***, ***Flines***, ***Coutiches***, ***Orchies***, ***Nomain***, ***Mouchin-Bercu***, ***Rumes***, ***Froidmont-Willemeau***, ***Faubourg Saint-Martin*** (Tournai). Cependant, il est probable que l'on trouvera avantage à quitter la route à Froidmont, pour s'engager dans une petite vallée, sur la droite, qui conduirait directement aux carrières et fours à chaux, vis-à-vis d'Alain, et ferait aboutir l'extrémité de la ligne à la porte de Valenciennes. Cette disposition exigerait l'acquisition du terrain nécessaire à l'assiette du chemin sur une longueur de 5 à 6 kilomètres, soit d'environ 3 hectares et demi, et quelques travaux de terrassements, ce qui entraînerait dans une dépense supplémentaire de 40 à 50,000 fr. Mais d'un autre côté, la voie, en Belgique, coûtant environ 3,000 fr. de moins par kilomètre, l'économie réalisée sur les 13 kilomètres de parcours dans ce pays serait d'environ 40,000 fr., à laquelle viendrait s'ajouter l'économie également obtenue sur le matériel et les divers accessoires afférents à cette longueur, ce qui ramènerait la dépense du kilomètre d'établissement au taux uniforme de 40,000 fr., qui est le prix du kilomètre en France, ainsi qu'il résulte de l'estimation donnée à la fin de ce travail (*Note C*).

L'établissement des voies ferrées est justifiée par l'espèce et la quantité de marchandises à transporter.

La question de tracé étant vidée, il nous reste à montrer l'intérêt qu'il y a, au point de vue commercial, à établir les nouvelles voies de communication. A cet effet, nous ferons remarquer d'abord que le département du Nord et les départements voisins tirent la plus grande partie de leurs pierres à bâtir et toute la chaux hydraulique qu'ils consomment du bassin de Tournai. La quantité de chaux importée en France pour cet objet forme à elle seule un tonnage annuel qui n'est pas évalué à moins de 150,000 tonnes. La quantité de pierres transportées pourrait aisément atteindre un tonnage égal, s'il lui était ouvert une voie facile et économique pour son écoulement. Il s'agirait d'enlever une grande partie de ces transports aux routes existantes et aux canaux pour les apporter au chemin de fer du Nord, qui pourrait en faire des expéditions à d'assez longues distances. Ce résultat serait d'autant plus facilement atteint que la chaux hydraulique de Tournai en particulier est tellement estimée qu'elle a été employée sur une très grande échelle dans les fortifications de Paris.

Une circonstance particulière donne encore plus de prix à cet élément déjà important de trafic. C'est l'agrandissement de Lille *(voir au commencement de l'appendice)*, et par suite la reconstruction de la moitié des fortifications de la première place de guerre du Nord, et l'édification des nouveaux quartiers qui viendraient rapidement combler le vide entre les faubourgs et l'ancienne ville. Si l'on ajoute à cela que le chemin de fer projeté arriverait justement au centre des constructions nouvelles, on reconnaît qu'il est difficile de trouver une voie mieux appropriée aux besoins que ce nouvel état de choses est appelé à développer.

Les nouvelles voies peuvent effectuer les transports à meilleur marché que le roulage et que les canaux.

On objectera peut-être l'accroissement de parcours résultant du détour par Orchies. Ce détour porte, en effet, le trajet à 42 kilomètres, tandis que la distance des carrières à Wazemmes, centre des constructions nouvelles, par la route directe de Lille à Tournai, est à peine de 28 kilomètres. Mais qu'est-ce que 14 kilomètres en plus, ou, si l'on veut, une différence de moitié en sus pour une voie de fer? Peu de chose, car cette différence se rachète tellement par l'économie du temps et de traction, que la voie ferrée des carrières de Tournai à Lille, par Orchies, pourrait transporter la pierre et la chaux à des prix auxquels le roulage actuel ne pourrait descendre sans perte. En effet, une tonne de chaux et de pierre coûte 5 fr. de transport par la route actuelle, tandis que par la voie ferrée elle ne coûterait guère plus *de deux francs*.

On peut encore objecter que la nouvelle voie supporterait difficilement la concurrence de l'Escaut, de la Scarpe et de la Haute-Deûle. Mais ces divers canaux présentent ensemble un développement d'environ 102 kilomètres, qui, à raison de 0,026 par tonne et par kilomètre (non compris les droits de navigation), élève le prix de transport de Tournai à Lille à 2,65, prix notablement supérieur au précédent (1).

Une différence à peu près égale à la précédente, à l'avantage de la voie ferrée, existe également dans la direction de Lille à Condé.

De Tournai à Douai, le canal et l'Escaut offrent ensemble un parcours de 52 kilomètres, tandis que la voie ferrée entre les deux villes n'en aurait que 34 ; par la première, le transport non compris le chargement et le déchargement et les droits de navigation, coûte 1 fr. 35 c. à raison de 0,026 par tonne et par kilomètre ; par la seconde, on peut le faire descendre à 1,36, à raison de 0,04 tout compris par tonne. Donc, ici encore, la voie ferrée peut lutter avec le canal, en conservant d'ailleurs une supériorité marquée sous le triple rapport de la vitesse, de la régularité et de la continuité du service.

Il résulte de ce qui précède que la nouvelle voie se trouvera dans des conditions assez favorables pour enlever, s'il est nécessaire, au canal et aux routes ordinaires, une partie de leur trafic. Il est possible encore *que par suite du développement de la consommation provoquée par une facilité de plus offerte à la circulation, la nouvelle voie trouve un aliment suffisant dans l'accroissement même du trafic en laissant le canal et les routes en possession de la plus grande partie de leur tonnage actuel.* L'expérience, qui nous montre tous les jours des chemins de fer et des voies navigables prospérant côte à côte, autorise suffisamment une pareille supposition.

Évaluation des produits probables des voies ferrées.

La production en houille maigre du canton de Condé que la voie ferrée économique est appelée plus particulièrement à desservir se compose comme il suit :

Noms des mines.	Etendue de la concession.	Quantités produites. tonnes.
Fresnes,	2,073 hectares	69,612 10
Vieux-Condé,	3,962 »	138,536 80
Odomez,	316 »	10,460 »
Escaupont,	110 »	31,966 10
	6,461 »	250,575 » tonnes.

Outre ce tonnage, la voie ferrée pourrait encore s'alimenter aux houillères d'*Hergnies*, de *Bruille*, de *Château-l'Abbaye*, d'*Hasnon* et de *Vicoigne*, qui se trouveraient sur son parcours. Il est possible et même probable que l'existence de la nouvelle voie suggérera l'idée d'ouvrir sur le bord de la route, entre Odomez et Saint-Amand, des nouveaux puits d'exploitation, qui, d'après la figure du bassin, paraissent devoir rencontrer la houille dans de bonnes conditions.

(1) 0,026 est le prix du halage d'une tonne à 1 kilomètre sur la Deûle, d'après M. E. Grangez. Mais il paraîtrait, d'après les renseignements que nous avons obtenus d'autre part, que le prix moyen du transport de Tournai à Lille, y compris les droits de navigation, est plus du double, ce qui expliquerait comment le transport de la chaux par voitures a pu se maintenir jusqu'à ce jour.

En résumé, si l'on considère que sur un million de tonnes extraites du bassin de Valenciennes, le département du Nord en consomme plus de la moitié, que la plus grande partie est en destination des localités desservies par la voie projetée; si l'on réfléchit à l'extension que peut prendre l'emploi des houilles maigres, à cause de son bon marché relatif et des facilités d'écoulement que lui offrirait la nouvelle voie, on admettra sans doute comme très modeste la prétention de lui attribuer un tonnage annuel de *cent mille tonnes*, soit de 300 tonnes environ par jour sur les 3 ou 400 mille tonnes produites par les divers charbonnages dont il vient d'être question.

Nous porterons au même chiffre l'apport du bassin de Tournai, et certes, en présence des immenses travaux qu'on se prépare à exécuter à Lille, c'est encore là un tonnage très modéré et sur lequel une déception est peu à craindre.

Les lieux de consommation principaux se trouvant aux extrémités, on peut supposer que le parcours moyen de la tonne de houille, de pierre ou de chaux, sera environ les trois quarts du parcours total. Nous supposerons en outre que sur les 300 tonnes de houille venant de Condé un tiers seulement est en destination de Douai, et les deux autres tiers de Lille. La même proportion peut être admise pour la répartition des matériaux de construction venant du bassin de Tournai. Il suit de là que le nombre de tonnes kilométriques dirigées sur Lille sera :

De Condé à Lille,	200 × 3/4 52 = 7,800	14,100
De Tournai à Lille,	200 × 3/4 42 = 6,300	

Le nombre de tonnes dirigées sur Douai sera :

De Tournai à Douai,	100 × 3/4 × 34 = 2,550	5,850
De Condé à Douai,	10 × 3/4 × 44 = 3,300	
	Total des tonnes kilométriques,	19,950

Ce tonnage produira journellement 19,950 × 0,05 = 997,50

Et par an, 365 × 997,50 = ... 363,087 fr.

Il se fait en outre dans les directions adoptées un mouvement assez considérable, et qui ne peut que s'augmenter, de *grains*, *bières*, *sucres*, *alcools*, *betteraves*, *huiles*, *tourteaux*, *etc.* Nous admettrons que ce mouvement se réduit à un train de 50 tonnes dans chaque sens de Lille à Condé, et que la marchandise ne fait en moyenne que la moitié du trajet et donne par conséquent, par jour, 100 × 27 × 0,10 = 270, et par an, 270 × 365 98,550

VOYAGEURS.

Chaque train composé de deux voitures et un wagon contiendra de 60 à 70 places. Nous admettrons qu'il n'en transportera que 40 en moyenne, faisant la moitié du parcours. Le nombre de trains étant de deux dans chaque sens, pour chaque ligne on aura :

Pour la première, de Lille à Condé, $4 \times 27 \times 40 = 4{,}720$
Pour la deuxième, $4 \times 18 \times 40 = 2{,}880$

7,600

7,600 voyageurs kilométriques à 0,05 donnent, par jour, 380 fr.
Et par an, 380 × 365 138,700

Bagages, articles de messagerie à 1/5 de la recette en voyageurs, soit 27,740

Total de la recette probable . . 628,077 fr.

DÉPENSES D'EXPLOITATION.

Ces dépenses se composent de deux parties : 1° les frais de traction; 2° les frais généraux. Les frais de traction calculés (*Note A*) d'après la distribution des trains résultant de la répartition probable des produits donnent les résultats indiqués dans le tableau suivant : Frais de traction.

DES TRAINS.	DÉSIGNATION DES TRAINS.	NOMBRE DE TRAINS aller et retour	PARCOURS.	VITESSE MOYENNE.	TONNAGE NET.	TEMPS employé à faire le PARCOURS.	TEMPS employé à faire le PARCOURS. Arrêt compris. aller et retour	DÉPENSE d'un TRAIN. aller et retour	FRAIS de TRACTION par an.
			kil.		tx.	h. m.	h.	fr.	fr.
A	De Lille à Condé	2	52	8	100	6 05	14	57 15	40 259
B	De Lille à Tournai.	2	42	8	100	5 25	11	47 15	34 419
C	De Douai à Tournai	1	34	8	100	4 25	9	40 55	14 800
D	De Douai à Condé.	1	44	8	100	5 50	12	36 70	17 984
E	Train supplémentaire de Lille à Condé.	1	52	8	50	6 05	14	33 49	12 324
	Total des frais de traction des trains de marchandises.	»	»	»	»	» »	»	»	119 786
F	Trains de voyageurs de Lille à Condé.	2	54	16	15	3 04	7	20 87	
G	Id. de Tournai à Douai.	2	36	16	15	2 06	6	16 89	
	Total des frais de traction des trains de voyageurs.	»	»	»	»	» »	»	»	27 568
							TOTAL GÉNÉRAL des frais de traction.		147 354

Le nombre de tonnes kilométriques transportées étant de. 8,267,250

Les frais de traction d'une tonne transportée à 1 kil. sont de. 0 fr. 0,147

Frais généraux.

Les dépenses autres que celles de traction que nous avons désignées sous le titre unique de *frais généraux*, comprennent les frais d'*administration*, du *personnel* et *dépenses diverses* et l'entretien de la voie Ces dépenses s'élèvent, d'après la note B, à. . . . . . . 128,000 f.

En ajoutant les frais de traction trouvés précédemment. . . . 147,354

On trouve que la totalité des frais d'exploitation s'élève à. . . fr. 275,354 f.

D'autre part, nous avons trouvé que les recettes pourraient donner un chiffre brut de. 628,077

Il reste donc pour produit net. . . . . 352,723 f.

Les frais d'établissement étant évalués *(note C)* à 40,000 fr. par kilomètre, soit à 3,600,000 fr. pour les 90 kilomètres dont se composent les deux lignes projetées, il s'ensuit que le revenu ci-dessus équivaut à 10 0/0 du capital d'établisssement.

Prix de revient d'une tonne de marchandise transportée à 1 kilomètre, tous frais compris.

En répartissant les frais généraux en deux parts proportionnelles aux recettes provenant du transport des marchandises et des voyageurs, on trouve que la part afférente aux marchandises est de. . 94,000 f.

approximativement, qui, ajoutés aux frais de traction 120,000

portent en nombres ronds la dépense totale d'exploitation pour les marchandises à. . . . . 214,000 f.

Il s'ensuit que le prix de revient d'une tonne de marchandises, transportée à 1 kilomètre, tous frais compris, s'élèverait à. . . . . . 0 f. 0258

Prix de revient des trains de marchandises et de voyageurs remorqués par des chevaux.

Pour clore cet article, nous rechercherons quel serait le prix de revient d'un train de marchandises A, et d'un train de voyageurs B, dans l'hypothèse d'une traction faite au moyen de chevaux.

En ce qui concerne le train de marchandises, nous ferons d'abord remarquer que ne pouvant admettre plus de 5 chevaux d'attelage en flèche, et chaque cheval ne pouvant traîner en moyenne plus de 5 tonnes, comprenant une tonne pour le poids du wagon, un train de 100 tonnes remorqué par machine, se divisera en 5 trains de 20 tonnes remorqués par des chevaux. La distance de 54 kilomètres entre Lille et Condé devra au moins être partagée en trois relais de 18 kilomètres, ce qui donnera aux chevaux un parcours journalier de 36 kilomètres, aller et retour, et par conséquent le nombre de chevaux nécessaires à la remorque de 100 tonnes de marchandises et au retour des wagons vides sera de $5 \times 5 \times 3 = 75$ chevaux.

Chaque cheval coûtera, conducteur compris, 4 fr. par jour ; les 75 chevaux coûteront donc.	300 f. » c.
Il convient d'ajouter à cela pour frais d'entretien et de graissage des wagons (page 28).	13 »
En admettant que le départ des 5 trains se fasse simultanément, il suffira à la rigueur d'un chef de train pour la totalité, comme dans le cas de la traction par machine.	3 50
Total des frais de traction par chevaux des 100 tonnes du train A.	316 f. 50 c.

C'est-à-dire plus de cinq fois ce que coûte la traction par machine ; c'est plus que ne rapporteraient les 100 tonnes franchissant toute la distance de Lille à Condé.

Le train de voyageurs, composé de deux voitures et d'un wagon, exigera environ 3 chevaux par relai, 9 pour la totalité du parcours, et 18 pour deux trains, aller et retour, à 4 fr. par jour.	72 f. » c.
Chaque train sera accompagné d'un conducteur à 3 fr. 50. . . .	7 »
L'entretien et le graissage des véhicules coûtera 6 × 108 × 0,005	3 24
Total.	82 f. 24 c.

C'est encore le double de ce que coûte la traction par machine. Mais ici, en supposant que chaque train ne contienne que 30 voyageurs faisant la moitié de la distance et payant en moyenne 6 cent. par kilomètre, la recette des quatre trains s'élèverait à 194 fr. 40 c. Et dans ce cas la traction par chevaux serait possible, sans toutefois donner un grand bénéfice, attendu que de la recette de 194 fr. 40 c., il y a à retrancher non-seulement les 82 fr. 24 c. ci-dessus, mais encore les frais généraux qui s'élèvent à environ 26 fr. par train (1).

Nécessité de recourir dès le début à la traction par machines.

On voit par là que s'il se rencontre des cas où la traction par chevaux est possible économiquement, ce ne peut être dans les circonstances où se trouveraient les chemins proposés de Lille à Condé et de Tournai à Douai après quelque temps d'exploitation. Ce ne serait que dans les premiers mois que l'on pourrait songer à y avoir recours. Mais il est évident qu'il serait préférable d'installer d'emblée la traction par machines, puisqu'il faudrait tôt ou tard l'adopter sous peine de grever l'affaire de frais d'exploitation ruineux. C'est pourquoi il nous a paru nécessaire, au début de ce mémoire,

(1) Nous avons vu que ces frais s'élevaient en totalité à 128,000 fr. par an dont 94,000 environ afférents au service des marchandises, le reste, c'est-à-dire 34,000, s'appliquant au service des voyageurs. Cette somme se répartit elle-même en deux, entre les trains de Lille à Condé et de Douai à Tournai, dans le rapport de 5 à 4 sensiblement, ce qui porte au compte de 730 trains de Lille à Condé une somme annuelle de 19,000 fr., soit de 26 fr. par train environ.

de nous étendre un peu longuement sur la thèse tendant à démontrer que l'introduction des machines à petite vitesse, sur les routes ordinaires, n'offraient pas d'inconvénients sérieux, et nous espérons avoir réussi. En tout cas, si nous nous étions trompés, si l'administration n'adoptait pas cette manière de voir et qu'elle ne consentit à concéder des voies à rails sur routes ordinaires qu'à la condition d'y perpétuer la traction par chevaux, nous avons la ferme conviction qu'avec une telle perspective, on ne trouverait pas en France une seule ligne d'une certaine longueur qui valût la peine d'être entreprise.

Observations sur les conditions dans lesquelles l'exploitation devait statuer pour être aussi économique que possible.

Il est bien entendu que pour rester, en ce qui concerne les frais généraux, dans les limites de dépenses raisonnables et compatibles avec l'importance de l'affaire, il serait indispensable de sortir des errements suivis pour les grandes lignes. Il ne faudrait pas perdre de vue qu'il s'agit d'une entreprise commerciale intermédiaire entre les chemins de fer existants et le roulage et les messageries, et que, par conséquent, il conviendrait de s'en tenir partout à des installations simples et économiques, tant sous le rapport des bâtiments et de leurs accessoires que sous celui du personnel. Il faudrait qu'en certains endroits, on fût autorisé à recevoir des voyageurs attendant, sous un modeste abri, le passage d'un train comme ils le feraient d'un omnibus, avec cette différence toutefois qu'ils seraient à couvert. Pour des localités d'un ordre plus élevé, on pourrait construire des buvettes qui seraient exploitées par des gens mariés, avec obligation de délivrer des billets aux voyageurs. Dans certains cas, les locataires de ces buvettes paieraient une certaine redevance à la Compagnie au lieu d'en recevoir un salaire quelconque; dans d'autres, où cette exploitation ne leur donnerait pas un bénéfice suffisant, on les déchargerait du loyer. Mais ce ne serait que dans les cas extrêmes que le chef d'une buvette d'attente recevrait des émoluments.

On trouverait sans doute aussi une grande économie à charger un commissionnaire de la réception, de l'expédition, de l'emmagasinage des marchandises et de toutes les opérations et manœuvres qui s'y rapportent, en lui accordant un faible droit par tonne de marchandise reçue ou expédiée. Ce système, outre qu'il aurait l'avantage de décharger les Compagnies d'une foule de détails, de la surveillance d'un nombreux personnel, les délivrerait de cet inconvénient grave qui pèse sur toutes les grandes administrations et qui consiste dans une tendance à accroître sans cesse le personnel et dans la difficulté extrême que l'on trouve à déterminer dans quelles limites on peut le restreindre sans que le service en souffre. Il est difficile, pour ne pas dire impossible, à *l'être impersonnel* appelé Compagnie de poser cette limite et de trouver, par la régie, le meilleur marché possible pour tous les frais accessoires au transport des marchandises. Il n'y a que *l'individu*, *l'intérêt particulier* qui aient cette aptitude; et nous sommes persuadés que si elle était mise en jeu par une disposition analogue à celle que nous recommandons on arriverait à des résultats extraordinaires, inattendus de bon marché.

Il se passerait du reste, dans cette circonstance, un fait analogue à celui que les ingénieurs et les constructeurs ont occasion d'observer tous les jours; c'est la différence énorme qui existe entre le prix des travaux à la journée et des travaux à la tâche; différence qui est telle que tous les hommes expérimentés n'ont recours à la régie que dans les cas exceptionnels et lorsqu'ils ne peuvent faire autrement.

Les trains, sur les voies ferrées économiques, ne marchent qu'à des vitesses usitées sur les routes ordinaires. Les précautions extrêmes prises sur les chemins de fer en exploitation, pour assurer la sécurité, deviendraient inutiles pour la plupart, et il y aurait encore de ce chef une économie notable dans les frais d'exploitation.

En résumé, on voit clairement que les conditions, dans lesquelles il convient d'exploiter une voie ferrée économique, doivent différer essentiellement de celles qui régissent les chemins de fer à grande vitesse. Il y a, à cet égard des essais à faire, une expérience nouvelle à acquérir tant pour l'administration que pour les Compagnies. De telle sorte que, pour ne pas imposer aux nouvelles voies des entraves inutiles, qui pourraient les grever de frais considérables, et les gêner beaucoup dans leur dévoloppement, il serait prudent d'attendre, pour les réglementer en détail, les résultats d'une première année d'exploitation.

APPENDICE

SUR LE

PROJET D'AGRANDISSEMENT

DE LA VILLE DE LILLE.

Au moment où nous terminons ce travail, nous apprenons qu'un décret du 2 juillet, inséré au *Moniteur,* autorise définitivement l'agrandissement de Lille ; et les journaux de la localité nous apportent en même temps la nouvelle que le Maire de la ville, mu par un zèle éclairé, a immédiatement institué une Commission chargée de combiner les meilleures dispositions qu'il soit possible de trouver pour satisfaire à la fois « *aux nécessités des services du génie militaire, des ponts-et-chaussées, ainsi* » *qu'aux intérêts communaux et autres des diverses localités qu'il s'agit de réunir* » *dans la même enceinte* (1). »

L'étude, qui précède, des voies ferrées économiques, faites principalement en vue des intérêts de la capitale du Nord de la France, nous a amené forcément à examiner

(1) Les membres de la commission instituée par M. le maire de Lille sont :

MM. Le colonel DE MONTFORT, directeur des fortifications.
CADART, lieutenant-colonel chef du génie de la place.
KOLB, ingénieur en chef du département.
MENCHE, ingénieur ordinaire de l'arrondissement.
MOURMANT, maire de Wazemmes.
Ph. BÉRIOT, maire de Moulins-Lille.
BIGO-TILLOY, maire d'Esquermes.
MEUNIER, THERY et VERLEY, conseillers municipaux de Lille.
Comte de MELUN, administrateur des hospices.
ECKMAN-LECROART, industriel.

le plan d'agrandissement proposé par un membre de la Commission, M. Eeckman-Lecroart. Nous prendrons la liberté de consigner ci-après le résultat de notre examen.

Examen du projet de M. Eeckman-Lecroart.

Il est aisé de reconnaître, à première vue, que l'auteur du projet a pris simplement pour règle : 1° de donner aux terrains de la ville la plus grande valeur possible ; 2° de découper en rectangles les terrains à construire ; 3° de suivre dans ses tracés de rues des directions, ou parallèles à celles existantes, ou perpendiculaires aux principales artères, ou les deux systèmes à la fois.

Ainsi, par exemple, toute la zône de terrain comprise entre la citadelle et Wazemmes, est ordonnée par rapport au système des voies de cette importante commune. Car les rues nouvelles sont parallèles dans les deux sens aux rues de Wazemmes, et l'une des directions est perpendiculaire à la rue de Béthune. Les anciennes rues et les nouvelles forment dans cette partie un ensemble satisfaisant à l'œil, mais qui cependant pourrait être amélioré au point de vue d'une bonne viabilité, par quelques rues en diagonale.

La deuxième zône de terrain à bâtir est située entre la rue des Postes et la route d'Arras qui sont à très peu près parallèles. Ici l'auteur n'étant pas gêné par d'anciennes rues auxquelles il fallut se raccorder, a adopté carrément le système de voies perpendiculaires aux deux artères principales, et à découpé le terrain en rectangles parfaits. Cette troisième partie ne se rattache aux deux premières que d'une manière imparfaite. On n'y trouve aucune voie les reliant entr'elles de part en part, et annonçant ou préparant l'existence de relations commerciales actives entre ces diverses parties de la nouvelle ville ou avec un point extérieur important, comme une gare de chemin de fer. On dirait presque deux communes indépendantes que le hasard aurait rapprochées.

Entre la route d'Arras et celle de Douai, nous retrouvons des parties construites qui, dans le système de l'auteur, font loi absolue pour la zône à diviser, au-delà, entre la route et la nouvelle enceinte. Les deux parties réunies ont de l'ensemble comme les deux premières, mais elles ne s'y rattachent pas convenablement et ne se relient pas mieux à la zône centrale. L'intention de mettre en rapport la nouvelle ville avec l'ancienne n'est pas suffisamment accusée. Le boulevard N° 2 est le seul trait-d'union caractéristique entre les deux. En résumé, le projet proposé par M. Eeckman-Lecroart nous paraît faire de la ville agrandie quatre villes distinctes accolées, et qui semblent destinées à vivre dans une complète indépendance les unes des autres.

Ce n'est pas tout, bien que nous constations une bonne pensée dans le projet d'établir pour la Compagnie du Nord une gare intérieure de marchandises, ce qui pour une ville appelée à être la *Manchester française* est une chose essentielle, vitale, nous regrettons d'avoir à faire remarquer que le tracé pour y accéder est contourné, torturé à l'excès ; que la gare est reléguée dans un coin comme un accessoire d'un ordre inférieur, et que des voies de communication y aboutissant le plus directement possible de tous les points de l'intérieur font absolument défaut. C'est cependant là une question de la plus haute importance. Que l'on se fasse représenter l'histoire des grandes cités anglaises et françaises, qui n'y ont pas donné dès l'abord toute l'attention qu'elle méritait, et l'on apprendra avec étonnement les sacrifices énormes qu'elles ont dû s'imposer pour faire plus tard par à peu près ce qu'il leur eût été facile et économique d'accomplir au début de la manière la plus satisfaisante.

Nous ferons remarquer en outre, qu'à part la gare de marchandises qui, seule, serait bientôt insuffisante, on ne découvre aucune disposition majeure, principale qui indique l'intention de ménager un mouvement rapide et facile aux marchandises à recevoir, aux produits des nombreuses industries locales à expédier. C'est pourtant là un des éléments de la production à bon marché ; c'est une condition que s'efforcent d'obtenir tous les grands établissements industriels de l'Angleterre, au moyen de rails ou d'embranchements de canaux arrivant jusqu'au centre même de chaque usine. Pourquoi Lille serait-elle dépourvue de ces moyens précieux de transport qui gagnent du temps, évitent les transbordements, les dépenses et autres inconvénients qui en résultent? Si Lille était port de mer, ne viendrait-il pas à l'idée de tout le monde d'établir entre l'ancienne et la nouvelle ville un vaste bassin à flot autour duquel viendraient se grouper tous les nouveaux établissements? Si Lille était privée de chemins de fer, ne penserait-on pas à prolonger jusqu'au faubourg de Paris le canal de la moyenne Deûle? A défaut de l'un et de l'autre, pourquoi n'aurait-on pas un *port sec*, c'est-à-dire une voie d'une largeur exceptionnelle s'étendant de la gare des marchandises à l'Esplanade de la Citadelle, et pourvue de voies de fer en son milieu et sur les trottoirs de chaque côté, reliées de distance en distance par des voies transversales? Ne suffit-il pas d'indiquer cette disposition pour que l'on saisisse immédiatement l'immense utilité qu'elle peut offrir dans un avenir peu éloigné et la valeur considérable qu'elle communiquerait aux terrains appartenant à la ville?

Pour terminer ce rapide aperçu critique du projet de M. Eeckman-Lecroart, nous ferons remarquer que lorsqu'une ville n'a pas d'enceinte, toutes les rues aboutissant aux confins de la ville sont autant de portes de sortie. Mais dans une place de guerre, les sorties étant nécessairement limitées, il y a intérêt, pour faciliter la circulation, à diriger de l'intérieur le plus grand nombre possible de rues sur les portes de la ville. C'est là une condition à laquelle le projet en question ne satisfait pas. Enfin la double question de l'amélioration du sort des classes ouvrières et de la défense intérieure prend aussi une certaine importance par le développement auquel est appelée la grande cité industrielle du Nord. Paris et Lyon montrent ce qu'il convient de faire pour assainir les vieux quartiers et réprimer rapidement des mouvements insurrectionnels auxquels les villes populeuses et industrielles sont plus particulièrement exposées. De grandes artères partant des points de concentration de troupes et coupant la ville de part en part; la démolition graduelle des quartiers à rues sales et étroites, qui sont souvent des foyers de pestilence et peuvent devenir des centres de résistance; telles sont, nous paraît-il, quelques-unes des conditions principales à remplir pour satisfaire aux nécessités hygiéniques et stratégiques d'une grande cité; nécessités que le projet de M. Eeckman-Lecroart ne paraît pas avoir prévues.

Conditions auxquelles doit satisfaire le projet définitif.

La critique de ce projet nous conduit tout naturellement à formuler les principes qui nous paraissent devoir présider à la confection du plan définitif; ces principes sont les suivants :

1° Placer à la limite des deux villes une grande voie commerciale de 35 à 40 mètres de largeur, de chaque côté de laquelle s'élèveront des usines, des magasins, des entrepôts, des marchés couverts, etc. Cette voie sera naturellement plus près du centre de l'ancienne ville que de la nouvelle; et cela doit être, puisque c'est de ce côté que se trouve et que se trouvera encore pendant longtemps la plus grande masse de population et d'industrie;

2° Faire parcourir cette voie en son milieu et sur les côtés par quatre lignes de rails, pouvant se rattacher au besoin aux établissements placés sur les deux rives, au moyen de plaques tournantes et se reliant de *toute nécessité* à la gare des marchandises projetée, ainsi qu'à celle des voies ferrées économiques qui ont fait l'objet principal du présent mémoire;

3° Placer la gare des marchandises dans une position qui permette : 1° de la relier commodément aux voies de la Compagnie du Nord et à celles de la voie commerciale; 2° d'y accéder par le plus grand nombre de rues possible venant aussi bien de l'ancienne ville que de la nouvelle. Cette condition impose la nécessité de faire précéder ladite gare d'une grande place vers laquelle convergeraient toutes les rues dont il s'agit;

4° Relier les différents quartiers de la nouvelle ville entre eux et à ceux de l'ancienne par un système d'artères qui fassent du tout un ensemble unique au lieu de trois ou quatre. On a vu que cela était nécessaire au point de vue des relations commerciales, de la défense intérieure, de l'assainissement, et l'on pourrait ajouter de la police de la ville. Cela est utile encore pour empêcher la ***dépréciation considérable que subiraient toutes les propriétés de la ville actuelle,*** si elle n'était pas largement et efficacement rattachée à la nouvelle, à la voie commerciale et à la gare des marchandises du chemin de fer. Aussi, dans le projet que nous avons esquissé rapidement, outre le boulevard N° 2 arrivant jusque sur la Grand'Place, nous avons supposé que la rue Royale se prolongerait en ligne droite jusqu'à la place de la gare, en dégageant sur son passage la façade postérieure de l'Hôtel-de-Ville. Nous avons également fait aboutir à cette place une rue parallèle à la grande rue commerciale, longeant la vieille ville et partant de l'extrémité de la rue de la Barre, afin de mieux utiliser les terrains appartenant à la ville; la rue de Paris, ainsi qu'une rue nouvelle à travers le quartier Saint-Sauveur et partant de la rue de Tournai, convergent également vers la place de la gare. Nous supposons, en outre, qu'à partir du point de rencontre des rues du Molinel et de Paris, il serait ouvert une nouvelle voie allant à la gare des voyageurs du chemin de fer du Nord. Enfin, nous pensons que l'on trouvera utile plus tard d'ouvrir une voie directe d'accès au Palais-de-Justice, à partir de l'extrémité de la rue Esquermoise, et d'achever le dégagement de l'Hôtel-de-Ville par deux rues latérales établies sur le prolongement de deux rues de Wazemmes, dont l'une existe déjà. Les percements projetés dans l'ancienne ville n'ont pas besoin d'être faits immédiatement; mais il nous paraît indispensable de les prévoir, de les arrêter en principe, quitte à ne les exécuter que lorsque la nécessité s'en fera sentir.

5° Faire partir des portes de la ville plusieurs voies rayonnant dans tous les sens, au lieu d'une seule, et se reliant convenablement au système de rues adopté pour les divers quartiers. Les portes d'Arras et des Postes se prêtent d'une manière toute particulière à cette disposition. Celle de Béthune gagnerait à être déplacée.

6° Tracer de grandes artères partant des points de concentration des troupes. Ces points sont la citadelle et les casernes indiquées dans le plan de M. Eeckman-Lecroart. Il suffit de la seule inspection de notre plan pour voir que la citadelle commande quatre des principales rues de la ville nouvelle. Les deux casernes commandent directement, par les hémicycles des deux portes entre lesquelles chacune d'elles est située, quinze rues. Pour compléter ce système de défense, il conviendrait peut-être de placer une troisième caserne sur la place de la Gare, en face des quatre rues allant au cœur de l'ancienne ville.

7° Réserver à l'endroit le plus central possible, dans le voisinage de la grande voie commerciale, et dans un point vers lequel il soit facile de faire converger le plus grand nombre de rues principales, un espace de terrain suffisant pour y ériger des halles nouvelles et un théâtre.

8° Abandonner *comme système principal de percement* celui qui consiste à découper le terrain en rectangles. C'est une disposition surannée qui ne présente aucun avantage au point de vue de la facilité de la construction et du lotissement des maisons, tandis qu'elle est froide et monotone, qu'elle force le piéton, dans la plupart des cas, à faire le plus long chemin possible pour aller d'un point à un autre; qu'elle se prête mal à l'établissement d'un système simple, rationnel et économique, d'égouts de conduites d'eau et de gaz, et qu'enfin elle est moins favorable à la police et à la défense de la ville, dans le cas de guerre ou d'émeute.

En résumé, notre projet laisse subsister une grande partie des dispositions proposées par M. Eeckman-Lecroart, dans la zône situé entre Wazemmes et la citadelle. Il tire un très grand parti de la position indiquée par lui pour la gare des marchandises et l'une des casernes, en leur faisant subir un léger déplacement pour mieux les rattacher aux nouvelles dispositions que nous proposons; et malgré la critique à laquelle nous avons soumis le projet du membre de la Commission, nous devons reconnaître que son étude est un point de départ excellent pour arriver au but que M. le Maire de Lille s'est proposé et qu'il a parfaitement défini en quelques mots en instituant la Commission chargée de rechercher la meilleure solution pour le plan définitif.

Nous serons très heureux, si dans les considérations qui précèdent, et dans le plan que nous annexons à ce mémoire, MM. les Membres de la Commission trouvent quelques suggestions dignes d'arrêter leur attention et si nous avons su les convaincre en même temps de l'utilité des voies ferrées économiques que nous avons projetées.

G. LOVE, ingénieur,

4, rue de Turin.

Paris, 7 *Août* 1858.

NOTE A.

FRAIS DE TRACTION.

Avant de rechercher le montant des frais de traction, il est nécessaire de déterminer d'abord le nombre et la force des machines nécessaires au trafic dont il a été question page 11.

Poids brut des trains. — Adhérence des machines.

Les trains sont supposés devoir être de 100 tonnes effectives, et le poids de chaque wagon, chargé de 4 tonnes, étant de 5 tonnes, tare comprise, il faudra 25 wagons par train, ce qui élévera le poids brut du train à 125 tonnes. Il faut encore ajouter à ce poids celui du moteur. On peut déjà voir par l'importance de ce train, et eu égard aux rampes à franchir, qu'il faudrait une machine assez lourde pour les remorquer. Mais, comme d'un autre côté, il convient de ne pas surcharger les rails afin de pouvoir les faire plus légers, et qu'en outre, les trains revenant à vide pour la plupart, il faut s'efforcer de diminuer la dépense du combustible. La solution de la question du moteur capable de remplir ces diverses conditions paraît devoir être dans l'adoption, pour chaque train, de 100 tonnes effectives, de deux machines de 8 à 10 tonnes chacune, par exemple, et dont une seule serait allumée au retour. Il reste à savoir si ce poids serait suffisant pour l'adhérence.

Le poids total des machines étant utilisé, et l'adhérence variant de $\frac{1}{3}$ à $\frac{1}{10}$ de ce poids, il s'ensuit que dans l'hypothèse d'un poids de 16 tonnes, l'adhérence variera de

5,300 kilogr à 1,600 kilogr.

dans le cas de deux machines pesant ensemble 20 tonnes, elle variera de

6,600 kilogr. à 2,000 kilogr.

En ajoutant au poids de 125 tonnes, déterminé précédemment, celui de la machine, on trouve que la résistance qu'il s'agit de vaincre, sur un plan horizontal, calculée par la formule de Wyndham Harding, la vitesse de marche étant de 8 kilomètres à l'heure :

$$R = \left(2,72 + 0,094 \times 8 \times 0,0484 \frac{5+64}{145}\right) 145 \text{ t.} = 518,92 \text{ soit } 520.$$

Il suit de là que sur un plan horizontal les deux machines auraient un grand excès d'adhérence. Mais on ne rencontre pas de routes, même parmi les moins accidentées, où il n'y ait quelquefois des rampes de 10 à 20 millimètres. Il en existe quelques-unes sur les deux routes qu'il s'agit de desservir, très courtes il est vrai, mais qui ne peuvent dispenser de disposer le moteur pour franchir régulièrement des rampes de cette importance.

Dans ce cas à la résistance déterminée ci-dessus s'ajoute une composante de la pesanteur qui est exprimé par

$$Q = P \sin. \alpha.$$

P étant le poids du convoi et α l'angle du plan incliné avec l'horizon. Pour les angles que l'on a à considérer, on peut, sans erreur appréciable, substituer au sinus la tangente de l'angle, qui, étant prise sur un rayon égal à un mètre, se trouve exprimée par la pente elle-même. Il en résulte que pour une pente de 0 mèt. 020 c. le surcroît de résistance est :

	145,000 kil. × 0,02 = 2,900 kil.
qui ajoutés à la résistance sur palier	520
donne une résistance totale de.	3,420 kil.

On voit par là que, dans les circonstances les plus favorables, une machine de 8 tonnes aurait une adhérence suffisante, et comme les rampes de cette espèce à franchir sont très courtes (voir page 9), que l'on peut au moyen du sable atteindre dans presque tous les cas le maximum; que, d'ailleurs, la vitesse acquise peut venir en aide à la puissance du moteur, nous admettrons que des machines en charge pesant 10 tonnes au maximum, suffiront à faire le service des voies ferrées économiques du département du Nord (1). Ces machines porteront en eau et en combustible environ 2 tonnes. Ce qui met le poids du moteur à vide à 8 tonnes seulement.

Il s'agit maintenant de déterminer les principales dimensions du moteur, afin d'en conclure la dépense qu'il occasionnera.

Calcul des machines capables de remorquer 50 tonnes sur rampes de 20 mill. à la vitesse de deux kilomètres à l'heure.

Pour cela, il faut d'abord ajouter à l'effort maximum en rampe de 20 millimètres, un quart en plus pour tenir compte des résistances développées par le mécanisme lui-même; cette résistance supplémentaire est donc $\frac{3420}{4} = 655$ kil., ce qui porte à 4,275 kilogrammes la résistance au pourtour des roues motrices.

L'effort sur le piston résulte de la résistance ci-dessus et des données suivantes, relatives au moteur :

Diamètre des roues motrices	1m	»
Circonférence des roues ou chemin parcouru par un point de cette circonférence	3	14
Course des Pistons	0	40
Chemin parcouru par les pistons pour un tour de roue	0	80
Rapport des chemins parcourus par un point de la circonférence des roues motrices et par les pistons	3	925

On tire de là que l'effort sur les pistons est exprimé par

$$4,275 \times 3^m 925 = 16,780$$

et par piston $\frac{16,780}{4} = 4,195$

Afin qu'il n'y ait pas une trop grande différence dans la force à produire, et par conséquent dans la vapeur à dépenser sur rampe et sur palier, nous supposerons que la vitesse de marche, qui est de 8 à 10 kilomètres sur plan horizontal, se réduira à 2 kilomètres seulement sur les rampes de 20 millimètres.

Les chaudières étant supposées produire de la vapeur à 7 atmosphères effectives, on peut admettre qu'à la montée des rampes, les cylindres travailleront à pleine vapeur, à une pression différant très peu de celle existant dans les chaudières, soit à 7 atmosphères par exemple. La pression qui en résultera par centimètre carré de surface de piston sera, en nombre rond, de 7 kilogrammes, et par conséquent la surface du piston devra être de $\frac{4,195}{7} = 600$ cent. c. très approximativement, et le diamètre du piston sera dès lors :

$$A = \sqrt{\frac{600}{0,785}} = \sqrt{736} = 27c.60$$

Pour trouver la quantité de vapeur consommée par heure, avec des pistons de ce diamètre, il suffit de remarquer que la vitesse à la circonférence de la roue étant de 2,000 mèt., le chemin parcouru par le piston dans le même temps sera

$\frac{2,000}{3,925} = 500$ m. sensiblement et par conséquent le volume de vapeur dépensée sera de $500 \times 0,06 = 30$ mèt. cubes, et pour quatre pistons travaillant ensemble $= 120$ mèt. c. à 8 1/2 atmosphères (2) le volume de 1 kil. de vapeur étant de 0,243, le poids de vapeur dépensée est

(1) Les machines de ce poids sur le chemin de fer du haut et bas Flenu remorquent régulièrement 50 tonnes, y compris le poids du moteur avec une vitesse de 11 kilom. à l'heure sur une rampe de 17 millimètres.

(2) C'est-à-dire sept atmosphères effectives augmentées de un atmosphère et demi que l'on suppose être la contre-pression derrière le piston.

donc $\frac{120}{0,243}$ = 500 kilog sensiblement qu'il faut augmenter de 1/5 pour tenir compte des pertes dues au refroidissement et autres causes. Le poids définitif de vapeur à produire devient donc 600 kilogrammes.

Un kilogramme de charbon produisant environ 6 kilog. de vapeur, la consommation en combustible pour les deux machines qui viennent d'être calculées, sera de $\frac{600}{6} = 100$ kilogr., tandis que la surface de chauffe devra être de $\frac{600}{100} = 6$ m. 00. (Les machines chauffées au coke produisent 120 à 160 mil. de vapeur par mètre carré de surface de chauffe).

Enfin la force développée par la machine en rampe de 20 millimètres, avec une vitesse de 2 kil. ou de 0,141 par seconde sera donnée par la formule

$$Tm = \frac{4 \times 4,195 \times 0,141}{75 \text{ Km.}} = \frac{2,315}{75} = 31 \text{ chevaux.}$$

La quantité de vapeur dépensée par cheval et par heure est donc de 19 k. 30, et la quantité de combustible de 3 k. 20. (1).

Calcul de la consommation de la machine marchant sur palier à la vitesse de 10 kil. à l'heure.

Dans le cas où la machine marcherait sur un plan horizontal à la vitesse de 8 à 10 kilom. à l'heure, la résistance à vaincre n'étant plus que de 520 kilogr., augmentés du quart pour tenir compte des résistances particulières au moteur, soit en totalité de 650 kilogr., la pression sur les pistons n'est plus que de 650 × 3,925, ou en nombre ronds de 650 × 4 = 2.600 kil. au lieu de 16,780. Ces deux pressions sont dans le rapport de 1 à 6,45 et par conséquent la pression moyenne à laquelle la vapeur devrait travailler sans détente serait d'environ $\frac{7.}{6,45}$ = 1,at085 ou 2,at585, en ayant égard à la contre-pression de 1 atm. 1/2 derrière le piston. On peut se rendre compte que, dans ce cas, la dépense de vapeur serait à peu près de 1,000 kilogr. par heure.

Mais en employant la détente au $\frac{1}{5,5}$ cette dépense se trouve considérablement réduite, car en admettant qu'elle produise la force requise (2), la quantité de vapeur introduite à chaque cylindrée devient de $\frac{0,40}{5,5} \times 0,06 = 0,^{\text{m.c.}}00438$. La vitesse du piston étant de 0,70 par seconde, il y aura dans ce temps 1,75 cylindrées et par conséquent le volume de vapeur introduit par seconde dans un cylindre est 0,00438 × 1,75 = 0,007665, et le volume pour les quatre cylindres et par heure

$$4 \times 0,007665 \times 3,600 = 110,^{\text{m.c.}}36.$$

(1) On se récriera peut-être contre le chiffre peu élevé de cette consommation. Cela tient à ce qu'en général on se fait une idée fausse de la force développée par les machines locomotives et du combustible qu'elles consomment. Or, ces faits ont été éclaircis par des expériences très précises faites par M. Jules Poirée, en 1852, sur le chemin de fer de Lyon, et il en est résulté que les machines faisant le service des voyageurs de Montereau à Paris, à une vitesse de 40 à 45 kilomètres à l'heure, développaient en moyenne une force effective de 250 chevaux, la force nominale pouvant être estimée à 272 chevaux, pour laquelle la consommation de coke a varié de 1 k. 89 à 2 k. 05, et la consommation d'eau correspondante de 13 50 à 15 kilogrammes.

(2) D'abord le nombre de chevaux de travail résultant de ces nouvelles conditions est :

$$N = \frac{2600 \times 0,70}{75 \text{ km.}} = 25 \text{ chevaux au lieu de } 35$$

Or, le travail produit dans l'hypothèse d'une détente $\frac{Z}{Z'} = 5\ 5$ étant donné par la formule :

$$N \times 0,075 = VH\left(1 + \log\left(\frac{Z}{Z'}\right) \times 2\ 30 - \left(\frac{H'}{H} \times \frac{Z}{Z'}\right)\right.$$

remplaçant dans cette formule les lettres par leur valeur et tirant la valeur de N. Il vient :

$$N = \frac{0,0174}{0,075} \times 10\ 34 \times 7 \left(1 + 0,74 \times 2,30 - \frac{15\ 50}{10,34 \times 7}\ 5.5\right)$$

D'où l'on tire N = 25 chevaux.

Le volume d'un kilog. de vapeur à 8 atm 1/2 étant comme on l'a vu précédemment de 0,243, il en résulte que le poids de vapeur dépensé est de $\frac{110,36}{0,243}$ = 450, et en ajoutant 1/5 pour des pertes dues à des causes diverses, 540 kilogrammes au lieu des 600 kil. qui sont nécessaires lorsque les machines marchent à 2 kilomètres à l'heure et à pleine vapeur.

On voit par là que les machines seraient dans une bonne condition pour une alimentation régulière de combustible, puisque dans tous les cas, en faisant varier les vitesses de 2 à 10 kilomètres dans les cas extrêmes, le travail à produire ne varierait au minimum que de 1/5ᵉ.

La quantité de charbon nécessaire pour la production de vapeur dans le cas de la vitesse maximum est donc

$$\frac{540}{6} = 90 \text{ kilogrammes.}$$

Calculs des dépenses de traction.

Cette consommation étant celle qui s'effectuera sur plus des 2/3 du parcours, la dépense moyenne sera de 93 kᵉ. Au retour une seule machine fonctionnant, la dépense ne sera plus que de moitié de cette quantité, soit 46,5, de sorte que la consommation moyenne par heure, à l'aller et au retour, serait de 70 *kilogrammes seulement.* Ce résultat étant acquis, nous pouvons maintenant calculer les frais de raction.

Trains de marchandises.

Prix de revient d'un train A.

Combustible, 14 × 70 kil. = 980 m. à 0,015 =			13 fr. 95
Un mécanicien.	5 fr » »		
Un chauffeur	3 50	. . . . =	12 » »
Un conducteur de train	3 50		
Entretien de la machine et graissage, 104 × 0,15 (1) . . .		=	15 60
Entretien de graissage des wagons, 104 × 25 × 0,005 (2)		=	13 » »
Alimentation d'eau		=	» 60
Total pour un train aller et retour . . .			55 fr. 15

(1) Au chemin de fer d'Amiens à Boulogne les machines coûtaient, en 1847, par kilomètre et par train :

Entretien de 0,057 à 0,129	0,091
Huile et suif pour graissage.	0,043
Fournitures diverses	0,020
Total.	0,154

L'entretien d'une machine dépend de sa force et de sa vitesse et bien qu'une de ces machines soit de beaucoup supérieure en force aux deux attelées aux trains des voies ferrées économiques. Nous admettrons, eu égard au taux relativement faible de cette dépense, qu'elle sera sensiblement la même pour le cas dont nous nous occupons, soit de 0,15 par kilomètre et par train.

(2) La dépense sur le chemin de fer d'Amiens à Boulogne a été de 0,007 par kilomètre et par wagon. D'après la statistique publiée par le ministère des travaux publics, l'entretien des voitures et wagons a coûté par kilomètre et par train sur le chemin de fer de Lyon à la Méditerranée :

Entretien des voitures à wagons.	0,062
Graissage, ...	0,060
Total.	0,122

La composition mo enne d'un train de marchandises a été de 30 wagons et le nombre de trains par jour de 1,450. La composition moyenne d'un train de voyageurs a été de 11 véhicules et le nombre de trains par jour de 28. Il s'ensuit que la composition moyenne des trains de marchandises et de voyageurs confondus a été de $\frac{30 \times 14\,50 + 11 \times 28}{14\,50}$ = 17 véhicules, ce qui fait ressortir le prix d'entretien et de graissage par véhicule et par kilomètre à $\frac{0,122}{17}$ = 0,072 ce qui s'accorde assez bien avec le résultat obtenu sur le chemin de fer d'Amiens à Boulogne. Pour les voies ferrées économiques, la vitesse, les chocs étant moindres, les wagons étant d'ailleurs d'une construction beaucoup plus simple, nous supposerons qu'ils ne coûteront que 0,005 d'entretien et de graissage.

Les deux trains coûteront donc par jour, 110 30

Et par an, 110 30 × 365 . . . . . . 40,259 fr.

Prix de revient d'un train B.

Combustible, 11 × 70 × 0,015	= 12 fr » »	
Personnel du train (comme précéd.)	= 12 » »	
Machine, entretien et graissage, 84 × 0,15 . . .	= 12 » »	
Wagons, d° 84 × 25 × 0,005	= 10 50	
Alimentation	= » 50	
Prix d'un train, aller et retour	47 15	
Les deux trains coûteront par jour . . .	94 30	
Et par an	94 30 × 365	34,419 fr.

Prix de revient d'un train C.

Combustible, 9 × 70 × 0,015.	= 9 fr 45	
Personnel.	= 12 » »	
Machine (Entretien) 68 × 0,15	= 10 20	
Wagons d° 68 × 25 × 0,005.	= 8 50	
Alimentation , ...	= » 40	
Prix du train, aller et retour	40 55	
Les trains C coûteront donc par an. . .	40 55 × 365 . . .	4,800 fr.

Prix de revient d'un train D.

Combustible, 12 × 70 × 0,015	= 12 fr 60	
Personnel . . , ...	= 12 » »	
Machine (Entretien) 88 × 0,15	= 13 20	
Wagons d° 88 × 0,125	= 11 » »	
Alimentation	= » 50	
Prix du train, aller et retour.	49 30	
Les trains D coûteront donc annuellement		7,984 fr.

Prix de revient d'un train E (de 50 tonnes).

Combustible (Pr une seule mach.), 14 × 35 × 0,075	= 7 fr 15	
Personnel.	= 12 » »	
Machine, 104 × 0,075.	= 7 80	
Wagons, 104 × 12 × 0,004.	= 6 24	
Alimentation.	= » 30	
Prix par jour d'un train, aller et retour .	33 49	
Dépense annuelle des trains de cette espèce		12,324 fr.
Dépense totale de la traction des trains de marchandises . .		119,786 fr.

Report de frais de traction des trains de marchandises. . . 119,786 fr.

Frais de traction des trains de voyageurs.

Ces trains étant relativement peu chargés, nous admettrons, à cause de la vitesse qui fait à peu près compensation, ainsi que l'on peut s'en assurer par un calcul rapide, que les machines seront, sous le rapport de la dépense en combustible, dans les mêmes conditions que celles d'un train de marchandise revenant à vide, c'est-à-dire qu'elles dépenseront par heure 46 kil. de charbon. Nous supposons qu'une seule machine suffira pour faire deux trains, aller et retour, dans les deux directions.

Trains de Lille à Condé.

Combustible, $14 \times 46 \times 0{,}015$	= 9fr66	
Personnel.	= 12 »	
Machine, entretien et graissage, $216 \times 0{,}075$ . .	= 16 20	
Wagons, $216 \times 3 \times 0{,}005$	= 3 24	
Alimentation d'eau	= » 66	
Dépense journalière	41 74	41 f. 74

Trains de Douai à Tournai.

Combustible, $12 \times 46 \times 0{,}015$	= 8fr28	
Personnel	= 12 »	
Machine, $144 \times 0{,}075$	= 10 80	
Wagons, $143 \times 3 \times 0{,}005$	= 2 16	
Alimentation	= » 55	
Dépense journalière	33 79	33 f. 79

Dépense journalière des trains de voyageurs . 75 f. 53

Dépense annuelle . . . . 75 f. 53 × 365 = 27,568 fr.

Total général des frais de traction . . . . 147,354 fr

---

NOTE B.

Dépenses autres que celle de traction.

1° **Frais d'administration**, comprenant les jetons de présence des membres du Conseil, le loyer des bureaux, les imprimés, les frais de correspondance et de voyage, les dépenses diverses.	23,500 f. » c.
2° Traitement du Directeur et des employés de l'administration centrale. . . .	22,000 »
3° Chef du mouvement à Lille, comptable, employés et hommes d'équipe des principales stations	54,000 »
4° Loyer des bureaux à Lille.	1,500 »
5° Entretien de la voie et des bâtiments.	27,000 »
Total.	128,000 f. » c.

NOTE C.

DÉPENSES D'ÉTABLISSEMENT.

Dépenses d'établissemen des voies ferrées économiques.

Afin de confirmer le résultat auquel nous sommes arrivés comme rendement probable des voies ferrées économiques projetées, nous allons entrer dans quelques détails relativement aux dépenses d'établissement et prouver qu'elles peuvent aisément se renfermer dans le chiffre de 40,000 francs par kilomètre, que nous avons fixé.

Voie. Les dépenses d'établissement de la voie peuvent s'estimer comme il suit :

Rails à double champignon de 14 à 15 k. le mètre. 30k à 28fr les 0[0.	8 f 40 c.
2 coussinets en fer pesant ensemble 3 kil. à 50c.	1 50
2 cales de serrage en fer. 1 kil. à 50c.	» 50
2 chevillettes et 2 tire-fonds en moyenne à 20c pièce	» 80
Traverses sabotées cubant 0m075m en sapin ou bois blanc, préparé. . .	4 50
Ballast, un mètre cube par mètre courant.	2 50
Pose de la voie et transports. . . . . , . . . , ...	1 »
	19 f. 20 c.

Soit 20 francs par mètre courant.

La longueur de la ligne est de 90 kilomètres, et le développement des voies de garage est d'environ 4,500 mètres, soit donc 94,500m à 20f. . . . . 1,890,000 f. » c.

Matériel. D'après le produit présumé, il faudra dans chaque direction, en moyenne, trois trains de 25 wagons et de 2 machines ; ce qui fait 75 wagons et 6 machines dans chaque direction, et 150 wagons et 12 machines pour la totalité. Il faut y ajouter 12 wagons et 1 machine pour les trains supplémentaires, désignés sous la lettre F ; ce qui porte le nombre total des wagons nécessaires à la composition des trains de marchandises à. 162
et le nombre des machines à. 13
à cause du nombre de wagons en chargement et en déchargement, et de ceux retenus pour réparations, il convient de tripler le nombre ci-dessus et d'ajouter trois machines pour le pilotage et les remplacements pour cause de réparation. En résumé, le service des marchandises exigera :

486 wagons à 1,000 francs.	486,000 »
16 machines de 8 tonnes à 2f25c le kilo, soit 18,000 francs. . . .	288,000 »
Le service des voyageurs exigera journellement deux machines, nous en mettrons trois pour les mêmes motifs que ci-dessus.	58,000 »
Le même service exigerait strictement 4 voitures et 2 fourgons. Nous admettrons pour faire face aux jours de fête, 8 voitures à 4,500 francs. . . . , . . , ...	36,000 »
3 fourgons à 4,000.	12,000 »
Total des dépenses du matériel . .	880,000 »

Appareils fixes de la voie.

6 plaques tournantes de 4 mètres à 4,000 francs, posées	24,000 »
4 ponts roulants à 1,000 francs	4,000 »
8 ponts à bascule à 2,500 francs, posés	20,000 »
30 changements de voie à 1,200 francs	36,000 »
7 réservoirs d'alimentation avec pompes à 5,000 francs	35,000 »
10 mats signaux pour les principales stations	2,000 »
Toial	121,000 »

Buvettes, Abris et Hangars, etc.

10 buvettes-stations à 4,000 francs l'une	40,000 »
16 abris à 1,000 francs	16,000 »
Allocation supplémentaire pour les dispositions particulières à prendre aux points extrêmes	15,000 »
Hangars pour voitures et machines, magasins	50,000 »
Ateliers de réparation et outillage à Orchies	50,000 »
Total	171,000 »

Terrains. Acquisition de terrains pour 4,500 mètres de voies de garage sur 5 mètres de largeur, 22,500 mètres à 1 franc	22,500 »
Terrains pour abris (3m × 10) 16 = 480 mètres à 1 franc soit	500 »
Id. pour 10 buvettes-stations, cours et hangars de dito 200m × 20m × 10 = 40,000 mètres à 1 franc	40,000 »
Déviations aux approches de quelques villages; 6, sur une longueur moyenne de 1 kilomètre et 5 mètres de largeur. 30,000 mètres à 1 fr. 50 cent.	45,000 »
Ateliers d'Orchies, 1 hectare de terrain	15,000 »
Total	123,000 »

Travaux. 5 ponts sur des petits cours d'eau, acqueducs	50,000 »

Dépenses d'administration et dépenses diverses.

Frais antérieurs à la constitution de la société, études, voyages, commissions de banque, droits de brevet		150,000 »
Jetons de présence des membres du Conseil de surveillance, frais d'imprimés, de loyer, de voyages, etc.	24,000 f. » c.	
Traitements du Directeur, des employés de l'administration centrale et des conducteurs des travaux	30,000 »	
Total pour une année	54,000 »	
L'exécution des travaux devant exiger environ 18 mois, cette dépense s'élèvera à		81,000 »
Total		231,000 »

RÉCAPITULATION DES DÉPENSES.

1° Voie	1,890,000 f. » c.
2° Matériel roulant	880,000
3° Appareils divers de la voie	121,000
4° Buvettes-stations, abris, hangars, etc	171,000
5° Terrains	123,000
6° Travaux	50,000
7° Administration, etc.	231,000
Total	3,466,000 f. » c.
Intérêts à 4 p. 100 de la moitié du capital, pendant une année et demie.	90,000
Total	3,556,000 f. » c.
Soit en nombres ronds	3,600,000 f. » c.

Ou 40,000 francs par kilomètre.

NOTE D.

AUCHY, 1,431 habitants.

AVELIN, 1,721 habitants.

1 Fabrique d'huile; — 1 fabrique de sucre.

BEUVRY, 2,038 habitants.

BRILLON, 769 habitants.

1 Brasserie; — 1 fabrique de sucre.

CAPELLE, 1,437 habitants.

CONDÉ, 4,335 habitants.

10 Constructeurs de bateaux; — 2 chantiers de bois de construction; — 3 brasseries; — 2 fabriques de chandelles; — 2 fabricants de chapeaux; — 2 fab. de chicorée; — 1 fabrique de cire; — 1 fabrique de clous; — 1 tanneries; — 1 dépôt pour faïences, tuiles et ardoises; — 3 dépôts fer et charbons; — 1 fabrique de parapluies; — 6 dépôts de porcelaine et poterie; — 1 raffinerie de sel.

COUTICHES, 2,112 habitants.

DOUAI, 18,777 habitants.

18 Brasseries; — 5 briqueteries; — 6 dépots de sapin et bois de construction du Nord; — 8 bonneteries; — 2 fabriques de billards; — 1 fabrique de chaux; — 1 fabrique de brosses; — 1 fabrique de cordes; — 10 fabriques de cire et chandelles; — 4 fabriques de chicorée; — 2 fabriques de chocolat; — 3 tanneries; — 1 fabrique de corsets; — 2 filatures de coton; — 1 fabrique de basins, siamoises et molletons; — 1 fonderie impériale de canons; — 12 fabriques d'huile; — 2 fabriques de limes; — 2 fabriques de moutarde; — 1 fabrique d'ornements d'architecture; — 1 fabrique de ouate; — 1 fabrique de peignes; — 3 fabriques de produits chimiques; — 3 distilleries et raffineries de sucre; — 5 fabriques de sel; — 2 fabriques de savon noir; — 3 fabriques de toiles; — 2 fabriques de toiles métalliques et bluttoirs; — 4 fabriques de tulles; — 2 verreries; — 1 fabrique de vitraux peints pour église; — 9 dépôts de charbon de terre; — 1 fabrique de chapellerie.

ENNEVELIN, 1,741 habitants.

5 Dépôts de charbon; — 1 meunier.

FLINES, 3,672 habitants.

3 Brasseries; — 2 fabriques de sucre.

FRESNES, 4,727 habitants.

2 Dépôts de bois de construction; — 4 brasseries; — 2 compagnies, celles Thivencelle et de Fresnes-Midi pour l'exploitation des mines de houille; — 2 fabriques de chicorée; — 1 fabrique de clous; — 3 constructeurs de bateaux; — 2 distilleries; — 1 filature de laine peignée; — 3 fabriques de sucre indigène; — 4 verreries.

FRETIN, 2,001 habitants.

1 Dépôt de charbon; — 1 fabrique de chandelles; — 3 meuniers.

HASNON, 3,592 habitants.

1 Constructeur de bateaux; — 1 dépôt de bois; — 1 brasserie; — 1 fabrique de couvertures d'étoupes; — 5 fabriques de fil de mulquinerie; — 1 fabrique de sucre indigène.

LESQUIN, 1,297 habitants.

2 Brasseries; — 1 compagnie pour les houilles; — 3 fabriques d'huile; — 1 fabrique de sucre indigène.

LILLE, 78,641 habitants. — DOUANES. — MANUFACTURE IMPÉRIALE DE TABACS.

3 Appariteurs d'étoffes; — 2 entrepôts d'ardoises; — 8 fabriques de balances à bascules; — 3 dépôts de beurre en gros; — 3 fabriques de billards; — 1 bimblotier en gros; — 1 dépôt de blanc de zinc de la Vieille-Montagne; — 7 fabriques de bleu d'azur, d'outremer, de cobalt et de safran; — 4 chantiers de bois à brûler; — 6 chantiers de bois de construction; — 2 dépôts de bois des îles; — plusieurs fabricants et marchands en gros de bonneterie; — 2 fabriques de bouchons; — 2 fabriques de bougies stéariques; — 1 filature de bourre de soie; — 1 fabrique de boutons; — 12 brasseurs; — 1 dépôt de broches et autres pièces détachées pour filature de lin; — 12 fabriques de brosses; — 1 fabrique de cages; — 6 ateliers de calendreurs; — 5 dépôts de calicots; — 2 fabriques de camelots et autres tissus en laine; — 1 dépôt de caouchouc solidifié; — 5 fabriques de cardes pour filatures — 2 fabriques de cartes à jouer; — 2 fabriques de cartons pâte; — 11 fabriques de chandelles; — 3 fabriques de chapeaux de paille; — 5 fabriques chapeaux et casquettes; — 1 dépôt de matières premières pour la chapellerie; — 3 fabriques de charbon animalisé et noir d'ivoire perfectionné; — 28 dépôts de charbons de terre; — 11 ateliers de grosse chaudronnerie; — 4 fabriques de chicorée; café; — 4 fabriques de chocolat; — 1 fabrique de cirage et encre; — 13 corroyeurs; — 3 fabriques de cylindres cannelés; — 37 filatures de coton; — 11 fabriques de coutellerie; — 3 fabriques de coutils; — 5 fabriques de couvertures; — 4 fabriques de cylindres de pression pour filature; — 7 fabriques de dentelles; — 7 distilleries; — 2 dépôts de draps en gros; — 2 fabriques de vernis; — 1 fabrique de sirops et pâtes sucrées; — 30 épiceries et denrées coloniales en gros; — 22 épiceries demi-gros; — 50 commissionnaires et fabricants d'étoffes de Roubaix et de Tourcoing; — 3 fabriques de fécule; — 15 forts faïenciers; — 9 dépôts de fers, tôles, clous, chaînes et étaux; — 1 fabrique de ferblanterie de marabouts en cuivre rouge; — 33 fabriques de fils de lin retors; — 4 fabriques de fils et coton retors dit d'Écosse et d'Irlande; — 28 commissionnaires de fils de lin et d'étoupes d'Angleterre, d'Allemagne et de Belgique; — 41 filatures de lin et d'étoupes; — 5 fabriques de fleurs artificielles; — 13 fondeurs en fer et en cuivre; — 2 fondeurs en caractères; — 1 fondeur de suif; — 3 fournisseurs d'équipements militaires; — 3 dépôts de fromages de Hollande; — 3 ateliers d'appareils à gaz; — 22 forts grainetiers; — 1 dépôt de gutta-percha; — 2 dépôts de houblon; — 42 commissionnaires et gros négociants d'huiles de toutes espèces; — 4 fabriques d'hydromel; — 1 maison d'impressions sur étoffes; — 3 fabriques d'indiennes, toiles peintes et mouchoirs; — 2 fabriques de lacets; — 3 fabriques de laines peignées; — 3 dépôts de laines brutes; — 2 filatures de laines peignées; — 2 fabriques de linge de table; — 3 fabriques d'instruments de musique; — 9 marbriers; — 24 méca-

niciens constructeurs; — 15 merciers en gros; — 8 dépôts de métaux; — 3 meuneries; — 4 fabriques de molletons; — 3 raffineries de sucre; — 2 fabriques d'orseille; — 2 fabriques de ouate glacée et cardée; — 1 fabrique de pain-d'épices; — 4 fabriques de papiers; — 10 fabriques de parapluies; — 3 fabriques de peignes à tisser et lames; — 5 fabriques de peignes à lames circulaires, pour le lin, le laine et la soie; — 5 fabriques de peignes; — 3 fabriques de peintures sur verre; — 1 fabrique de pierres à aiguiser et de pierres-ponces; — 5 dépôts de plomb laminé; — 4 forts poêliers-fumistes; — 6 fabriques de produits chimiques; — 13 quincailliers en gros, — 13 raffineries de sel et fabriques de savon; — 16 dépôts de rouennerie en gros; — 1 fabrique de stores; — 8 fabriques de tapis; — 1 forte maison de thés; — 3 fabriques de toiles cirées; — 9 fabriques de toiles à matelas; — 112 fabricants et négociants en gros de toiles écrues, blanches, bleues et linge de table; — 1 fabrique de toiles métalliques; — 21 fabriques de tulles; — 2 fabriques de vermicelle; — 4 fabrique de vinaigre de grains; — marché de grains.

MILLONFOSSE, 540 habitants.

1 Fabrique de charrue-jumelle Desmons.

MOUCHIN, 1,213 habitants.

1 Brasserie; — 1 tannerie.

MOULINS-LILLE (Faubourg de Paris), 7,418 habitants.

2 Fabriques de blanc de céruse; — 2 dépôts de bois pour la tonnellerie; — 3 brasseries; — 5 fabriques de briques; — 2 fabriques de chaux; — 1 chicorée; — 14 constructeurs-mécaniciens; — 2 filatures de coton; — 5 fabriques de couleurs et vernis; — 1 fabrique de couvertures; — 3 distilleries de potasse et 1 de trois-six; — 2 épurateurs d'huile; — 4 fabriques d'étendelles malfil; — 8 fondeurs en cuivre et fer; — 1 fabrique de boîtes de montres; — 18 fabriques d'huile; — 1 fabrique de laines; — 12 filatures de lins et étoupes; — 1 fabrique de molletons et tissus; — 1 fabrique de ouates; — 1 fabrique de pipes; — 1 saline et savonnerie; — 1 fabrique de toiles cirées; — 3 fabriques de vinaigre; — 1 fabrique de toiles d'emballage; — 2 fabriques de sucre indigène.

NOMAIN, 2,323 habitants.

ODOMEZ, 1,252 habitants.

Concession de houilles. La Société d'Anzin.

ORCHIES, 3,555 habitants (un des plus forts marchés de grains du Nord).

2 fabriques de bonneterie; — 7 brasseries; — 1 fabrique de briques; — 1 fabrique de chandelles; — 3 fabriques de chapeaux; — 2 fabriques de chaux de Tournai; — 1 fabrique de fils retords; — 7 fabriques d'huiles; — 1 fabrique de ouates; — 3 fabriques de sucre; — 2 fabriques de talons de faux et piquets système d'Allemagne; — 3 distilleries; — 5 tanneries; — 2 constructeurs de moulins.

PONT-A-MARCQ, 870 habitants.

1 Brasserie; — 1 fabrique de sucre indigène; — 1 tannerie.

RACHES, 1,269 habitants.

1 distillerie de betteraves et 1 de mélasses; — 1 tuilerie ; — 1 verrerie.

RONCHIN, 1,710 habitants

1 Fabrique d'étendelles ; — 4 fabriques d'huiles.

SAINT-AMAND, 9,466 habitants.

1 Etablissement d'eaux minérales ; — 1 constructeur de bâtiments ; — 5 dépôts de bois ; — 7 brasseries ; — 5 fabriques de briques ; — 4 fabriques de chandelles ; — 3 dépôts de charbons de terre ; — 2 fabriques de chicorée et moka ; — 3 fabriques de cire ; — 4 cloutiers ; — 1 fabrique de chaînes-câbles et de clous pour la marine ; — 6 tanneries ; — 2 distillerie de betteraves ; — 2 distilleries d'eaux-de-vie ; — 1 fabrique de faïences ; — 5 fabriques d'huiles ; — 5 filatures de laines peignées ; — 1 fabrique de limes et aciers ; — 6 moulins ; — 4 fabriques de noir animal ; — 1 fabrique de porcelaines ; — 2 fabriques de savon et raffineries de sel ; — 1 scierie à vapeur ; — 3 fabriques de sucre.

SARS-ET-ROSIÈRES, 558 habitants.

TEMPLEUVE, 3,051 habitants.

2 Brasseries ; — 4 fabriques de briques ; — 1 distillerie ; — 2 fabriques d'étoffes pour meubles et nouveautés ; — 1 fabrique de formes à sucre, lames de rapes, machines à battre ; — 3 cultures de grains et betteraves.

TOURNAI, 31,083 habitants.

23 fabriques de bonnetèries ; — 1 fabrique de colle forte ; — 4 filatures de coton ; — 1 fabrique de dentelles ; — 6 filatures de laine peignée ; — 2 filatures de laine cardée ; — 3 filatures de lin ; — 2 fabriques de porcelaines ; — 3 fabriques de savon ; — 7 fabriques de tapis de pieds ; — 18 fabriques de tissus de laines ; — 8 tanneries. — Dans le voisinage immédiat de la ville, carrières de pierres à bâtir et fours à chaux.

WAZEMMES, 18,254 habitants.

4 Blanchisseries de fils et tissus ; — 9 fabriques de bleu d'azur ; — 1 fabrique de bleu d'outremer ; — 5 dépôts de bois ; — 2 fabriques de briques et chaux ; — 1 fabrique de cardes ; — 2 fabriques de céruse ; — 7 dépôts de charbon de terre ; — 1 fabrique de clous ; — 1 fabrique de colle-forte ; — 6 filatures de coton ; — 1 fabrique de courroies pour mécanique ; — 11 apprêteurs et teinturiers pour les fils et cotons. — 5 fondeurs de fer et cuivre ; — 1 fromagerie ; — 3 constructeurs d'appareils à gaz ; — 3 fabriques d'huile ; — 4 fabriques d'huile de pied de bœuf et graisses ; — 1 fabrique de limes ; — 18 filatures de lin et étoupes ; — 1 fabrique d'outils ; — 2 fabriques de peignes pour le lin ; — 2 fabriques de pointes ; — 1 fabrique de salpêtre ; — 2 fabriques de savon ; — 1 filature de soie, schappes et fresons ; — 1 raffinerie de sucre ; — 2 tanneurs ; — 6 fabriques de toiles ; — 4 fabriques de tulles ; — 1 fabrique de vermicelle.

Lille. Imp. E. Reboux, Vieux-Marché-aux-Poulets, 17. — 0000.

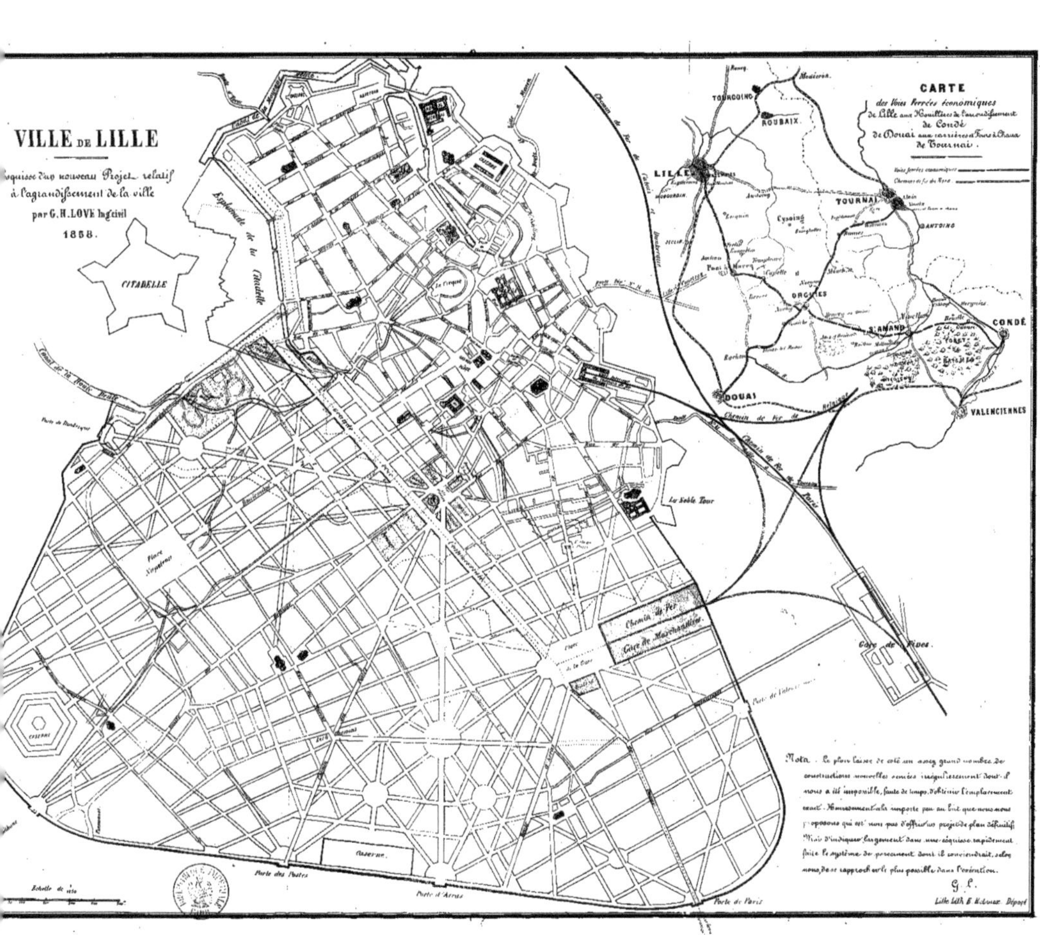
VILLE DE LILLE
Esquisse d'un nouveau Projet relatif
à l'agrandissement de la ville
par G. H. LOVE Ing. civil
1858.
CITADELLE
Esplanade de la Citadelle
Canal de la Haute Deule
Porte de Dunkerque
Place Napoléon
Le Cirque
La Noble Tour
Chemin de Fer
Gare de Marchandises
Place de la Gare
Caserne
Porte des Postes
Porte d'Arras
Porte de Paris
Gare de Fives
CARTE
des Voies Ferrées économiques
de Lille aux Houillères de l'arrondissement
de Condé
de Douai aux carrières et Fours à Chaux
de Tournai.
Voies ferrées économiques
Chemins de fer du Nord
TOURCOING
ROUBAIX
LILLE
TOURNAI
ANTOING
Cysoing
Pont à Marcq
ORCHIES
S.T AMAND
CONDÉ
DOUAI
VALENCIENNES
Chemin de fer de Belgique
Nota. Le plan laisse de côté un assez grand nombre de constructions nouvelles semées irrégulièrement dont il nous a été impossible, faute de temps, d'obtenir l'emplacement exact. Heureusement cela importe peu au but que nous nous proposons qui est non pas d'offrir un projet de plan définitif mais d'indiquer largement dans une esquisse rapidement faite le système de percement dont il conviendrait, selon nous, de se rapprocher le plus possible dans l'exécution.
G. L.
Échelle de
Dépôt

www.ingramcontent.com/pod-product-compliance
Ingram Content Group UK Ltd.
Pitfield, Milton Keynes, MK11 3LW, UK
UKHW022146190726
13855UKWH00004B/1364

9 782013 038225